Los próximos 30 años

[redacted]

[redacted]

Álvaro González-Alorda

Los próximos 30 años

¿Y tú qué quieres ser, espectador o protagonista?

alienta
EDITORIAL

Fotografía de solapa: © Juan Cabal

ISBN: 978-84-92414-17-8
Depósito legal: B. 16.485-2011
Primera edición: febrero de 2010
Séptima edición: abril de 2011
Preimpresión: Trama Equipo Editorial, S.L.
Impreso por Book Print Digital
Impreso en España-Printed in Spain

ÍNDICE

Dedico este libro a mis padres:
Paco, el piloto aventurero que conquistó a
Virginia, esa joven de belleza cinematográfica
y de dulzura rompedora. Ellos no han tenido
una vida fácil, ha sido una trayectoria esforzada,
pero han alcanzado un éxito verdadero:
tienen siete hijos que se quieren.

PRÓLOGO

Las empresas tienen un papel determinante en la calidad de la civilización de la que forman parte. Nuestra civilización es, por decirlo de una manera elegante, bastante mejorable en su fondo y en su forma. No entro en la discusión de quién es el culpable de la situación actual. Lo que sí sugiero es que todos los que influimos o queremos influir en las empresas deberíamos proponernos ser una parte muy activa de la solución a los problemas de nuestra civilización.

Ese es el objetivo del trabajo que hago desde hace casi treinta años y en el que veo a **Álvaro González-Alorda** trabajando en los próximos treinta años. Queremos influir positivamente en las empresas para que estas sean un factor de mejora en nuestra civilización. Y entendemos que una forma de influir en las empresas es influir en los profesionales con más proyección y responsabilidad, para que sean más innovadores, más orientados hacia el cliente y más empáticos con sus equipos.

El tiempo histórico que nos ha tocado vivir no puede ser más apasionante e interesante, se mire por donde se mire.

La historia nos ha puesto por delante treinta años en los que se van a reconfigurar una parte sustancial de las instituciones de nuestra civilización y de los elementos de nuestra cultura. Nos hacen falta mejores arquitecturas de toma de decisiones en lo público, en lo mercantil y en lo privado. Y lo que es más importante, nos hace falta otro talento con el que vivir, trabajar, dirigir, descansar, aprender, soñar…

El espléndido libro de Álvaro está escrito para los que queréis ser protagonistas de los cambios que se van a producir en las próximas tres décadas. Ser protagonista en estas circunstancias es un privilegio y, sobre todo, una responsabilidad. Ya advirtió **Maquiavelo** en el siglo XV que no hay nada tan asimétrico como querer cambiar el orden de las cosas en la sociedad. Decía que aquellos que proponen un nuevo orden tienen la férrea oposición de los que les ha ido bien en el viejo y la tibia adhesión de los que les puede ir bien en el nuevo.

No va a ser una tarea fácil. Pero es un desafío en el que vale la pena participar. Hay demasiados egoísmos cruzados que mantienen vivo el sistema actual. Un sistema que desde muchos puntos de vista no es sostenible, ni siquiera sano. Suenan alarmas en los frentes más variados: pobreza, marginación, medio ambiente, desmotivación de las personas con su trabajo, rupturas en las familias, desequilibrios psíquicos, falta de credibilidad en las instituciones, cinismo en la ciudadanía, etc.

En una línea opuesta (o no) a la de Maquiavelo, siempre me ha inspirado la frase de **Ghandi** con la que aconsejaba que nos convirtiéramos, en nuestras propias vidas, en el cambio que nos gustaría ver en el mundo. Pues bien, pienso que la trayectoria profesional y vital de Álvaro, de la que este libro da algunas pistas, puede convertirse en un referente de las decisiones que tenéis que tomar para alumbrar en vosotros ese nuevo orden de cosas que nos gustaría ver en el mundo.

Espero que algún día uno de mis logros más valorados sea haber *descubierto* profesionalmente a Álvaro. Todo fue casual, si es que se cree en las casualidades, o providencial, si se cree —como es nuestro caso— en la providencia. Todo empezó a finales de 2004, cuando me envió un e-mail solicitando reunirse conmigo para que hablásemos sobre un proyecto que estaba lanzando. No le conocía de nada.

A pesar de que procuro acceder a estas peticiones con cierta rapidez, me demoré cerca de dos meses en citarle en mi despacho, debido a una sobrecarga de trabajo. Le recibí por educación y, me imagino, con la esperanza de que no me robara demasiado tiempo. Ya en la primera entrevista que tuve con él me llevé una muy buena impresión. Me pareció educado, alegre, bien preparado en la materia de la que hablamos, con unas presentaciones de gran calidad visual, desenvuelto y con ganas de hacer cosas interesantes. Sin pensármelo demasiado, le ofrecí trabajo. De esta manera, el destino hizo que, en menos de una hora, Álvaro pasara de ser un perfecto extraño a convertirse en un colaborador muy cercano.

A lo largo de estos años, le he visto aprender el oficio con gran rapidez y adaptarlo con indudable soltura a su propia personalidad. También he comprobado que lo poco que le haya podido dar en forma de consejos, ideas o contactos para que avanzara profesionalmente me ha venido «pagado» de vuelta con creces. Y es que, desde todos los puntos de vista, es una buena idea enseñar lo que uno ha ido aprendiendo en la vida a aquellos que pueden ser los líderes de la siguiente generación. Ser mentor de otras personas es una obligación ética que además, como me sucede con Álvaro, se convierte en un grato deber.

He pactado con Álvaro que lo que yo estoy haciendo con él, lo haga él también con otras personas de la siguiente generación. Por razones de edad, es probable que yo esté «mayor» dentro de quince años y que él disfrute en ese momento del pico de su carrera. Sin duda, otras personas tendrán en Álvaro a un gran mentor y yo habré hecho una gran «jugada» enseñándole este oficio.

Si las páginas de este libro no te dejan indiferente, atrévete a tomar decisiones que cambien el rumbo y el ritmo de tu carrera profesional. Nada cambia si no se toman decisiones y se ponen en práctica. Cuando el modelo profesional ha entrado en crisis, y eso pasa de media cada seis o siete años, la necesidad de tomar decisiones difíciles se hace acuciante para evitar que los años pasen mientras tu talento intelectual y actitudinal se va descapitalizando. La motivación intrínseca (me gusta lo que hago) y trascendente (trabajo por una causa) son las motivaciones del siglo XXI. Y la capacidad de resolver problemas complejos depende de ellas.

Hay muchas posibles fórmulas para afrontar los retos de los próximos 30 años, pero yo estaría encantado de replicar el modelo que he diseñado con Álvaro —dentro de mis limitadas capacidades— con aquellos de vosotros que penséis que encajáis en este esquema y que buscáis la excelencia profesional y personal. Tenemos uno de los mejores trabajos del mundo: cada día es un desafío intelectual y emocional distinto; conocemos a gente interesante en todos los sitios adonde vamos; casi siempre, lo único que recibimos de nuestros clientes es gratitud y afecto; somos dueños de nuestra agenda personal; no tenemos más jefe que nuestros clientes, estamos obligados a aprender; si nos gusta viajar, viajamos todo lo que queremos; trabajamos desde casa, y además, tenemos ingresos altos. Búscate estos trabajos. Existen.

Luis Huete
Profesor de IESE Business School

INSTRUCCIONES DE USO

Llevo pensando este libro desde hace dos años, pero lo he escrito de una sentada, durante dos meses en Estados Unidos, para que pueda ser leído en dos tardes. Los capítulos son breves y presentan el contenido con un ritmo que se parece más al de un rock que al de una sinfonía.

La narrativa no es completamente lineal, ya que la argumentación se entiende mejor si se complementa con los **enlaces** a vídeos, documentos y referencias *online* que aparecen identificados con números a lo largo del libro. Por ejemplo:

«Este **vídeo**[2] representa una buena muestra de…»

En la dirección web **www.alvarogonzalezalorda.com** podrás **pulsar en todos los enlaces** —a medida que lees— sin necesidad de escribir las direcciones en tu explorador web.

El tema que aborda el libro es rico y complejo. Por eso he optado por un enfoque poliédrico, en el que planteo algunas de sus múltiples facetas, pero no con un orden matemático sino con la imprevisibilidad de la vida. Y así voy desde lo estratégico hasta lo cercano. Desde lo racional hasta lo emocional. Desde lo personal hasta lo relacional. Todo está conectado.

Las argumentaciones están abiertas y me gustaría enriquecerlas con tu aportación en la página que he creado en **Facebook**. Encontrarás un enlace a esta página en mi web.

Al final de cada capítulo, he tratado de resumir en una breve pregunta la idea clave que me gustaría compartir contigo. Te sugiero que, antes de pasar al siguiente capítulo, reflexiones sobre esa idea mientras escuchas la canción que te propongo. No hay una relación literal entre la letra de la canción y el contenido del capítulo. Simplemente, son canciones que me resultan inspiradoras (la mayoría me las han sugerido amigos, lectores de mi blog y contactos en Facebook). Podrás escucharlas a través de mi web.

He escrito este libro para mi generación y está orientado a un lector universal, ya sea de Sevilla o de Buenos Aires, de Toronto o de Milán.

#1. LOS PRÓXIMOS 30 AÑOS

Cuando **Benjamin Zander** salió al escenario, ochocientos ejecutivos acorazados en trajes de corte impecable se debatían entre susurros breves o silencios expectantes, acomodados en sus butacas. Cuando se marchó, dejó a ochocientos ejecutivos desarmados y con los ojos brillando de emoción.

A lo largo de una hora, el director de la Orquesta Filarmónica de Boston transformó la atmósfera del Central Hall Westminster, adonde habíamos acudido a escuchar a expertos en liderazgo como **Stephen Covey**, **Kofi Annan**, **David Cameron** o **Al Gore**, en un evento organizado por Leaders in London.

Zander, con su pelo blanco y desbaratado de director de orquesta, arrancó carcajadas y encogió el corazón —por turnos— de una audiencia naturalmente escéptica, ayudado por su tono cercano y directo, sus palabras vibrantes y **su fabulosa interpretación de Chopin al piano**[1].

Desde entonces, en mis clases y seminarios sobre innovación y transformación de empresas, he vuelto una y otra vez a unas palabras de Benjamin Zander que me golpearon fuerte, como un trueno: **«Los próximos treinta años van a ser los treinta años más fascinantes de la historia de la humanidad»**.

Creo que Zander tiene razón. Y somos los que nacimos en las décadas de 1970 y 1980 —tal vez la última generación que utilizó máquinas de escribir y que ahora desliza los dedos en el iPhone— a quienes ahora **nos toca diseñar la colección de transformaciones sociales, culturales, económicas, políticas y empresariales que los cambios tecnológicos están acelerando**. Este **vídeo**[2] representa una buena muestra de la envergadura de esta aceleración.

Nuestra generación —los que tenemos en torno a 30 años— es una generación «puente»: ni somos «nativos digitales» (Google no existía cuando empezamos a ir al colegio), ni el arrollador volumen de cambios que la historia de la humanidad nos ha preparado nos pilla de retirada. De hecho, nos toca liderarlos durante **los treinta años de vida profesional que tenemos por delante, aproximadamente**.

El reto es formidable. Y la pregunta que te lanzo, directa y cerrada: en los próximos treinta años, ¿tú que quieres ser, **espectador o protagonista**?

A veces, una frase o una pregunta lanzada en el momento oportuno te despierta como un cubo de agua fría en la cara y te hace tomar decisiones para cambiar de rumbo. Ese fue el efecto de la frase de Zander y éste es el objetivo de este libro: ayudarte a cambiar el rumbo de tu vida profesional y convertirte en protagonista de los próximos treinta años a través de un puñado de pistas y reflexiones. Si algunas te resultan útiles, da las gracias al conjunto de personas inspiradoras que he tenido la suerte de conocer. Este libro es una recopilación de lo que he aprendido de ellos.

En pocas palabras: ¿En los próximos treinta años tú quieres ser espectador o protagonista?

Piénsalo mientras escuchas la **canción #1.**

#2. LA AMENAZA DEL SOFTWARE Y DEL BECARIO

¿Y por qué tengo que cambiar el rumbo de mi vida profesional?

En los últimos años he dado clase a cientos de empleados *high potential*: jóvenes profesionales cuyas empresas consideran que tienen alto potencial y que podrían llegar a asumir cargos directivos a medio plazo. El retrato robot de un *high potential* suele ser el de una persona con carrera universitaria, un MBA, unos diez años de experiencia y pinta de ser lista como una ardilla.

«¿Cuántos de vosotros diríais que tenéis una vida profesional realmente apasionante?», les suelo preguntar. E invariablemente, solo dos o tres manos se levantan.

«¿Y cuántos pensáis que el diseño de vuestros puestos de trabajo está a la altura de vuestra cualificación profesional?». De nuevo, dos o tres manos.

«¿Y cuántos pensáis que gran parte de las tareas que realizáis cada día podría acabar haciéndolas un *software* o un becario (o en otras palabras, alguien mucho menos cualificado, pero bien entrenado)?». En un momento de honestidad brutal, la mayoría de las manos se levanta y se miran entre ellos con gesto preocupado.

Pasé el verano de 2007 investigando en Harvard Business School, y desde entonces, sigo la pista al profesor **Clayton Christensen**[3] y a sus tesis sobre innovación disruptiva, de gran valor tanto para mi trabajo académico como para mi actividad de consultoría en innovación y transformación de empresas.

Asumiendo el riesgo de resumir en pocas palabras lo que está documentado en media docena de libros de Christensen y de sus colaboradores, intentaré sintetizar su teoría: el profesor de Harvard Business School plantea que en los mercados en los que las empresas compiten para mantener su cuota lanzando **innovaciones incrementales** (continuas mejoras en los productos y servicios que ya ofrecen), se acaba abriendo una puerta a empresas que apuestan por la **innovación disruptiva** (lanzando productos o servicios de menor calidad o con menos prestaciones, pero con alguna nueva y distinta). Y sucede que una buena parte de los clientes acaba considerando que estas disrupciones son «suficientemente buenas» para resolver las tareas que anteriormente resolvían con productos y servicios de calidad incremental.

Por ejemplo: hace unos meses observé que un amigo tenía los dientes más blancos que una estrella de Hollywood. Me dijo que, aconsejado por su dentista, llevaba tres meses haciendo un sofisticado tratamiento para blanquear los dientes que costaba unos 600 euros. Meses después, en un supermercado de Miami compré por 35 dólares una caja de **Whitestrips**[4]. Este tratamiento blanqueador dura diez días y los resultados son «suficientemente buenos», por no decir que son excepcionales. Whitestrips es disruptivo porque resuelve la misma tarea, blanquear los dientes, de un modo más **fácil** (instrucciones muy simples, sencillo de usar, no dependencia de un dentista), más **accesible** (a la venta en supermercados) y más **barato** (con un precio 20 veces menor).

La teoría de la innovación disruptiva, aplicada a los profesionales, se podría sintetizar en los siguientes términos: si el diseño de tu puesto de trabajo no está a la altura de tu cualificación profesional, prepárate para que tu empresa acabe resolviendo tus tareas de cada día con alternativas «suficientemente buenas», como un *software* o un becario bien entrenado.

Algunos ejemplos:

- Enrique. 36 años. Licenciado en Económicas por la Universidad de Navarra (Pamplona, España). MBA en ESADE Business School (Barcelona, España). 14 años de experiencia profesional. Es director de Marketing de Producto en una multinacional del sector farmacéutico. **El 60 por ciento de su tiempo lo dedica a la organización de congresos y eventos para médicos, y a viajar con ellos.** ¿No podría realizar esta tarea alguien más júnior y con menos experiencia y preparación, pero bien dirigido, o un proveedor especializado?
- Olivia. 34 años. Licenciada en Ciencias Físicas por la Universidad de París (Francia). MBA en INSEAD Business School (Fontainebleau, Francia). 11 años de experiencia. Directora del Departamento de Planificación de una empresa nacional de transporte. **El 75 por ciento de su tiempo lo dedica a organizar y a modificar las rutas, y también a la gestión de incidencias.** ¿No sería más eficiente que buena parte se estas tareas las realizase un *software*?
- Kevin. 39 años. Licenciado en Artes Liberales por la Universidad de Concordia (Montreal, Canadá). MBA en Columbia Business School (Nueva York, EEUU). 15 años de experiencia. Director de Recursos Humanos de una multinacional del sector de la alimentación. **El 50**

por ciento de su tiempo lo dedica a tareas administrativas y de gestión. ¿No valdría la pena que invirtiese ese tiempo en el diseño del plan de formación o de herramientas de comunicación interna, y que las tareas administrativas se resolviesen mediante un becario con criterio y unos procesos bien diseñados?

En pocas palabras: Mira a tu alrededor. ¿No ves una multitud de profesionales cuyo talento está desaprovechado?

Piénsalo mientras escuchas la **canción #2.**

#3. PROFESIONALES HIGH-END Y LOW-END

En noviembre de 2005, **Mckinsey** publicó un informe titulado *The vanishing middle market*[5], que he utilizado decenas de veces para comentar con directivos una tendencia que lleva una década creando inestabilidad: la polarización del mercado.

El informe explica cómo la demanda en muchos sectores e industrias tiende a desplazarse hacia los extremos. De modo que, o se va al ***high-end*** (productos y servicios sofisticados y complejos para clientes con necesidades altas), o se va al ***low-end*** (productos y servicios simples y de pocas prestaciones para clientes con necesidades bajas). Mientras que en el ***middle-market*** (caracterizado por vender productos y servicios con prestaciones medias, con un precio medio y para un cliente medio), la demanda tiende a contraerse.

Gráficamente, lo que está sucediendo es algo así:

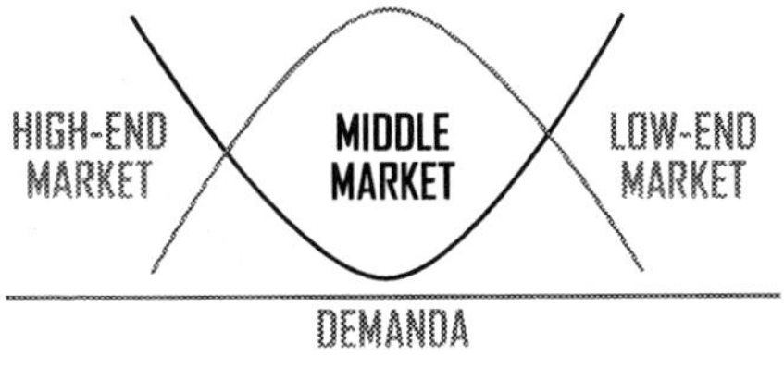

Con un ejemplo se ve más claro. En el sector hotelero, la demanda se está yendo desde hace años a propuestas *high-end* como la de **SHA Wellness Clinic**[6], en donde los clientes buscan una sofisticada experiencia basada en la alimentación macrobiótica, o a propuestas *low-end* como la de la cadena **Ibis**[7], en la que los clientes necesitan una mera habitación donde dormir, sin excesos de ningún tipo. Y son los indiferenciados hoteles *middle market*, precisamente aquellos que en los 80 y en los 90 se llenaban casi con solo abrir las puertas, los que —a pesar de haber hecho mejoras incrementales en sus instalaciones, como poner un *spa*— ahora acaban «regalando» habitación, desayuno y *green fee* por 60 € debido a la falta de un concepto integral y diferenciador. En otras palabras, compiten en una zona del mercado en la que hay muchos hoteles ofreciendo prácticamente lo mismo y en la que la demanda tiende a disminuir.

Mi intuición es que a los profesionales nos va a suceder lo mismo. O te formas en instituciones de primer nivel, no dejas nunca de estudiar y de aprender, y te especializas para aportar verdadero valor al mercado, a cambio de una alta retribución **(profesional *high-end*)**; u optas por una capacitación mucho más simple y rápida, que te permita acceder a puestos de trabajo muy requeridos y moderadamente retribuidos **(profesional *low-end*)**. Ya que hay un exceso de **profesionales *middle-market***, que están «demasiado» cualificados para las tareas que realizan y el valor que aportan a sus empresas, y que pretenden alcanzar o mantener retribuciones altas. En este tramo, por tanto, la batalla por la supervivencia será más dura. De hecho, la crisis económica ya se está cobrando víctimas a un ritmo acelerado... Por otra parte, muchos de los puestos de trabajo de los próximos treinta años no se han diseñado todavía. Y este reto no lo van a liderar los gobiernos ni las instituciones, sino profesionales despiertos que sepan capacitarse —y también venderse— para desempeñar **nuevas tareas críticas de las empresas** (ejemplo **A**) o

resolver ineficiencias estructurales (ejemplo **B**) que han sido soportadas en tiempos de bonanza, pero que resultan insostenibles en los tiempos que corren.

- Ejemplo **A**: Hay muchas empresas que hablan de innovación, pero son pocas las que verdaderamente innovan. La innovación que hoy está pidiendo el mercado no es la tradicional innovación incremental que se cocina en los departamentos de I+D. Es más bien una transformación empresarial que implica a toda la organización en la revisión o el rediseño del modelo de negocio. Y para afrontar con éxito este enorme desafío, conviene contar con un **especialista en procesos de innovación** que conozca los más avanzados modelos conceptuales de innovación y que tenga experiencia implementándolos en distintas empresas, con una metodología adecuada.
- Ejemplo **B**: Los gastos de desplazamiento y de alojamiento para reuniones —además de los de tiempo— son una herida cada vez más sangrante en la estructura de costes de muchas empresas. Para abordar este reto en toda su envergadura, normalmente no basta con pedir al departamento técnico que se encargue de instalar *webcams* en los ordenadores y *software* como **Skype** o el *video-chat* de **Gmail**, que ofrecen versiones gratuitas con aplicaciones fenomenales para realizar videoconferencias. En muchos casos, no sólo se requiere tecnología, sino contar con un especialista en **herramientas de comunicación 2.0** que ayude a la empresa a implementar un cabal rediseño de los procesos de trabajo, con el fin de lograr una coordinación excepcional entre departamentos y de acelerar así la velocidad de crucero de la empresa, reduciendo a la vez los costes.

Y estos especialistas pueden ser contratados como **un empleado más** o bien subcontratados como **un consultor**

externo. Pero, en el segundo caso, con la sustancial diferencia de que ya no es necesario contar con los servicios de una gran consultora —algo inaccesible para las pequeñas y medianas empresas—, ya que cada vez habrá en el mercado más profesionales con marca personal (ver **capítulo #13**), y con más cualificación y experiencia que los consultores júnior que acaba por enviarte la gran consultora, tras un impecable proceso de venta liderado por veteranos espadachines de la consultoría.

Las grandes consultoras son grandes empresas y grandes escuelas de profesionales, no se me malinterprete, pero deben afrontar la avalancha de desintermediación que va poniendo patas arriba sector tras sector (música, turismo, medios de comunicación, banca, editoriales, retail...), y que representa **una oportunidad para consultores brillantes con marca personal**.

En 2006 participé en Buenos Aires en una reunión con socios de una gran consultora internacional. Subimos a la planta noble del edificio y nos llevaron a una sala de juntas con vistas magníficas al Río de la Plata. Allí me quedó claro lo que luego he tenido la oportunidad de comprobar en bastantes ocasiones: que muchos consultores están cansados de trabajar más horas de lo razonable y no quieren seguir la trayectoria de buena parte de sus directores, quienes han alcanzado esa posición a costa de su familia y de tener una vida personal y cultural pobre. Pero lo que más me sorprendió fue la perplejidad de aquellos socios directores al escuchar que uno de los grandes problemas que deben afrontar en los próximos años es que sus empleados, sencillamente, no quieren parecerse a ellos.

La polarización de los profesionales tiene implicaciones tanto para ti como para las empresas. En tu caso —asumo que, si estás leyendo este libro, es porque quieres ser protagonista de los próximos treinta años— te toca diferenciarte en el mercado de profesionales por ser excelente en aquello en lo que sueñas serlo. Y a las empresas, por su parte, les conviene reconsiderar las políticas de contratación basadas en «enjaular linces», ya que cada vez es más insostenible contratar a profesionales sobrecualificados para realizar tareas de valor medio o bajo.

Si no tomas medidas para ser excelente, probablemente vendrá un tropel de Jóvenes Aunque Suficientemente Preparados (los nuevos JASP, como aquel famoso anuncio del **Renault Clio**[8]) a quitarte tu puesto de trabajo por una retribución menor y un esquema más flexible, mientras tú te quedas perplejo considerando para qué te ha servido una carrera y un MBA... Ya se siente el temblor de sus pisadas.

En pocas palabras: ¿Y tú qué quieres ser, un profesional high-end o un profesional low-end? Recuerda que no tiene buena pinta quedarse en el medio...

Piénsalo mientras escuchas la **canción #3.**

#4. EL RETO Y EL TALENTO

He buceado en el disco duro y he encontrado esta diapositiva:

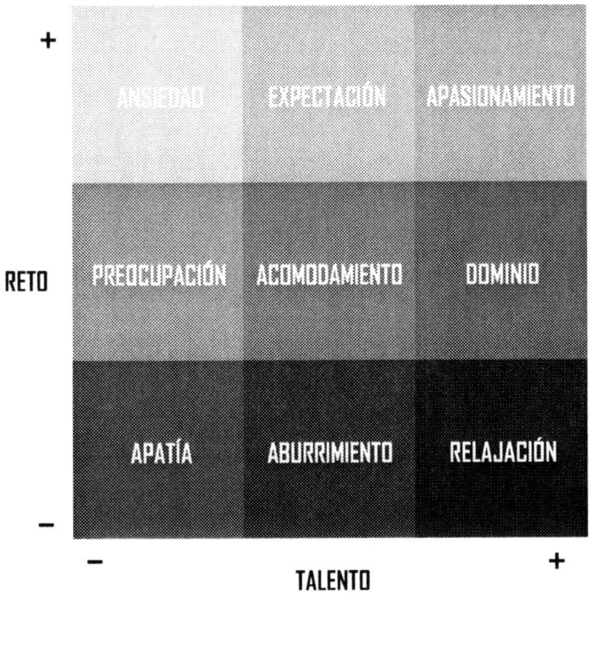

La conceptualizó **Luis Huete**[9] en 2005 y ambos la hemos utilizado muchas veces desde entonces. Es una simple matriz de dos entradas, pero su contenido resulta lo suficientemente inquietante como para dejar pensativos a los equipos directivos, ya que sirve para radiografiar la actitud de cada uno de los empleados y del conjunto de la organización.

La diapositiva describe la actitud de una persona dependiendo de su nivel de reto (bajo/medio/alto) y de su talento (bajo/medio/alto). En el supuesto de que la mayoría seamos talentos medios, no resulta muy atractiva la perspectiva de pasarse la vida profesional **aburridos** por una asimetría entre nuestra cualificación profesional y el alcance de nuestro reto, **o acomodados** sabiendo que somos capaces de mucho más.

La situación ideal es moverse entre la **expectación** y el **apasionamiento**. Dos estados vitales que debes empeñarte en alcanzar, puesto que raramente allí te sitúan las empresas, dada la extendida tendencia a encomendarte retos que están por debajo de tu capacidad.

Y este fenómeno, unido a un planteamiento excesivamente conservador de los procesos de selección (se buscan candidatos casi perfectos para el puesto) y a la deficiente transferencia de conocimiento que hay en las empresas (cada cual retiene lo que sabe no vaya a ser que le «muevan la silla»), crea un **círculo vicioso** que empobrece a las organizaciones y a los profesionales. En definitiva: **se contrata a personas sobre-cualificadas, se les encomiendan tareas que no les retan ni les hacen crecer, y los empleados protegen su saber para que un júnior no les acabe quitando el puesto**.

Si estás aburrido o acomodado, con gran facilidad acabas por incorporar hábitos que hacen que tu trabajo sea poco eficiente y que le robes tiempo a tareas profesionales más importantes, o a la familia, los amigos, las aficiones y el descanso.

¿Te reconoces en algunas de estas actividades roba-tiempo en tu jornada de trabajo?:

- **1 hora de uso no profesional de internet** (e-mails personales, Messenger, Facebook, YouTube, noticias, entretenimiento, preparación de viajes...).
- **30 minutos de café** (desayuno, café de media tarde...).
- **30 minutos de reuniones prescindibles** (ineficientes, mal diseñadas, sin un guión claro, desordenadas, no se toman decisiones, impuntuales al empezar y al terminar).
- **1 hora fumando en la puerta de la oficina** (equivale a 6 pitillos de 10 minutos o 10 pitillos de 6 minutos).
- **1 hora de desplazamiento al lugar de trabajo** (la media en España son 57 minutos diarios).

En el peor de los casos, hay **4 horas de ineficiencia** en cada día de trabajo. Pero hagamos los números sin contar el tiempo de desplazamiento:

3 horas al día de tiempo ineficiente equivalen a:

= 15 horas a la semana
= 60 horas al mes
= 660 horas al año*
* Solo se cuentan 11 meses laborales al año.

Así que:

Estás en el trabajo: 1.760 horas al año
Trabajas: 1.100 horas al año
Tiempo ineficiente: 660 horas al año

¿Qué podrías hacer con 660 horas al año? Algunas sugerencias:

- Un MBA.
- Disfrutar de vacaciones escolares (en total, 4 meses al año).
- Tomarte 4 meses sabáticos para aprender un idioma, o hacer una estancia de investigación y reciclaje profesional en una universidad o escuela de negocios.
- Ver crecer a tus hijos, sin perderte ningún capítulo.

En síntesis:

¿Es posible que estés sobrecualificado para el trabajo que tienes? ¿O que el diseño de tu jornada hace que dediques poco tiempo a las tareas para las que estás especialmente cualificado y mucho a aquellas en las que no aportas un valor especial?

Si no tienes la sensación de que tu trabajo te hace aprender cada día más y de que te está brindando la posibilidad de crecer profesionalmente, haciendo que te muevas entre la **expectación** y el **apasionamiento**, quizá deberías cambiar el rumbo de tu vida profesional.

En pocas palabras: ¿Crees que tu reto profesional está a la altura de tu talento?

Piénsalo mientras escuchas la **canción #4.**

#5. LOBOS ESTEPARIOS

En 2004 tuve varias conversaciones con mi amigo **Carlos García-Hoz** sobre un proyecto de consultoría para la industria del turismo. En una de ellas, Carlos mencionó a un profesor de **IESE Business School**[10] al que sería valioso consultar nuestras intuiciones. Días después, busqué «luis huete» en Google y me decidí a escribirle contándole los grandes trazos del proyecto. Pasados unos meses, cuando el proyecto estaba despegando, pero con una fórmula distinta a la inicial, recibí un e-mail de **Reyes Sánchez de Lamadrid**, su asistente personal, quien me convocaba a una reunión con el profesor Huete en una oficina de las Torres de Colón en Madrid.

Admito que mi expectativa de esta reunión era incierta, y hasta estuve a punto de cancelarla unos días antes por un viaje. Pero, gracias a Dios, me presenté allí con mi portátil y le dije: «Lo que te conté por email ha evolucionado, así que, para que te hagas una idea, te voy enseñar lo que presentaré esta tarde al director general del **Hotel Ritz**». Durante unos veinte minutos, me escuchó con atención y al terminar me hizo tres comentarios que, sin ser textuales, yo sintetizaría así: «Esto es bueno, véndelo caro; esto es válido para la industria del turismo, pero también para otras; y ¿te gustaría trabajar conmigo?». Ahí empezó una nueva etapa, y me cambió la vida.

En el deporte de alta competición se asume con naturalidad que un profesional cuente con un entrenador. Por ejemplo, detrás del éxito del tenista **Rafael Nadal** está su tío **Toni Nadal**, que fue jugador profesional de tenis. Toni comenzó a preparar a Rafa cuando solo era un niño. Y así explica Rafa lo que ha representado contar con su tío como entrenador: «Me exige mucho, supongo que por ser de mi familia. Él me ha enseñado a ser deportista y, sobre todo, a ser mejor persona».

En el mundo clásico también hubo célebres relaciones maestro-discípulo entre filósofos: **Platón** fue discípulo de **Sócrates** y maestro de **Aristóteles**. Y en el ámbito artístico, **Miguel Ángel Buonarroti** se formó en Florencia con los **Ghirlandaio**, una familia de pintores, y con el escultor **Bertoldo di Giovanni**.

Actualmente, merece atención la escuela de cocina de **Ferrán Adriá**, reconocido como el mejor *chef* del mundo y creador del restaurante **El Bulli**, que ha ganado cinco veces el premio al mejor restaurante del mundo. Con el maestro Adriá se han formado prestigiosos cocineros como **Andoni Luis Aduriz**, **Paco Roncero**, **Elena Arzak**, **José Andrés** o **Sergi Arola**.

Sin embargo, la mayoría de los profesionales que están en el circuito de «hago una carrera universitaria, trabajo mucho y cobro poco por unos años, hago un master o un programa en una escuela de negocios, sigo trabajando mucho y cobro algo más, voy escalando —si puedo— puestos en el organigrama, y así continúo hasta que logro una cierta estabilidad económica y profesional que me permite aproximarme sin grandes sobresaltos a la jubilación» suelen ser **lobos esteparios** que luchan por sobrevivir en solitario.

Y esta travesía está normalmente llena de años anodinos, aburridos, de poco o ningún aprendizaje, de energía mal empleada y de desgaste emocional gestionando la relación con jefes «poco inspiradores», de los que con frecuencia no se «escapa» por miedo a dilapidar trienios acumulados ante un posible despido...

Este es el caso de muchos **profesionales sobrecualificados** a los que las empresas buscan y seleccionan con minuciosos procesos, para luego «enjaularlos» en puestos que no están diseñados para desplegar su potencial profesional y que responden más a la inercia organizativa o al mero reemplazo técnico del anterior ocupante de su silla.

La alternativa entre ser un lobo estepario o tener un maestro inspirador puede marcar la diferencia entre una vida profesional plana o plena.

En pocas palabras: ¿Cómo es tu vida profesional, plana o plena?

Piénsalo mientras escuchas la **canción #5.**

#6. UN MAESTRO INSPIRADOR

Jim Collins[11], en su libro ***Good to Great***, responde a la ambiciosa pregunta que se planteó con su equipo: ¿qué tienen en común los líderes que son capaces de transformar empresas buenas en empresas excepcionales? Y tras estudiar la evolución de 1.435 empresas buenas a lo largo de 40 años, seleccionaron sólo a once empresas excepcionales, las que obtuvieron resultados significativamente superiores a los de la media. El gran hallazgo de este estudio fue identificar que el denominador común de esas once empresas era el nivel de liderazgo alcanzado por sus directivos. Todos llegaban al nivel 5, según la escala que aparece en el cuadro (en la siguiente página).

Parte de la dificultad en encontrar a un maestro que te inspire entre los jefes que te han tocado a lo largo de tu vida profesional tiene un componente estadístico: la mayoría de los directivos se queda en el nivel 3. Solo son buenos gestores.

La buena noticia es que, para dar el salto entre ser un buen gestor (nivel 3) y ser un líder que inspira (nivel 4-5),

NIVEL 5	EJECUTIVO DE NIVEL MÁXIMO Crea grandeza con una sugerente combinación de firme determinación profesional y de humildad personal.
NIVEL 4	LÍDER EFICIENTE Cataliza el compromiso para el logro de una visión de futuro. Inspira a su equipo a trabajar con estándares exigentes.
NIVEL 3	GESTOR DESTACADO Organiza eficientemente a los equipos humanos y a los recursos materiales para el logro de objetivos.
NIVEL 2	CONTRIBUYE A SUS EQUIPOS Aporta a la consecución de los objetivos del grupo. Trabaja de manera eficiente en grupo.
NIVEL 1	INDIVIDUO CON UNAS CAPACIDADES DESTACADAS Hace contribuciones significativas por su talento, conocimiento, competencias y hábitos de trabajo.

se requieren cualidades personales tan excepcionales que resulta difícil que pasen inadvertidas a nuestro radar.

A mí me inspiró Luis Huete por el siguiente cóctel de cualidades: Un profesional excelente con una experiencia y un reconocimiento internacional difíciles de alcanzar; pero a la vez, cercano y con un deseo vocacional de ayudar a los demás. Y un trabajador infatigable (con más de 100 conferencias y seminarios al año por todo el mundo, además de sus clases en escuelas de negocio y de su actividad de consultoría); pero que pelea por dedicar tiempo de calidad a su familia. En pocas palabras, un maestro que rechaza la autosuficiencia y quiere seguir aprendiendo.

Dar con un maestro no es cuestión de suerte, sino de sincronicidad. Si tienes la actitud de búsqueda, no tardas en identificar a **una persona inspiradora —y de trayectoria valiosa— con la que compartir el diseño de tu desarrollo profesional**. De igual manera que cuando estás ilusionado preparando tus vacaciones a Canadá, de repente tienes la sensación de que no hacen más que aparecer noticias de Canadá por todas partes. Y en realidad, las noticias ya estaban allí, y el posible maestro también.

Es improbable que des con un maestro en tu propia empresa. Y me parece sano que busques una visión externa e independiente, para no contaminar tus sueños profesionales con las menudencias del día a día.

Las escuelas de negocio son un lugar adecuado para encontrar un maestro. Un profesor con 15 o 20 años de experiencia, con puntuaciones en sus clases por encima de cuatro en una escala de cinco, con decenas de proyectos de consultoría a sus espaldas y con el que sintonices podría ser un buen candidato. Lo habitual es que el diseño de su trabajo sea lo suficientemente flexible como para que surja la posibilidad de colaborar en algún proyecto. Empezando quizá por escribir con él un caso o un libro.

Sea profesor de una escuela de negocios o no, lo normal será que te saque una o dos décadas de experiencia. Y resulta útil que tenga cualidades complementarias a las tuyas, ya que de ahí pueden surgir proyectos que estrechen, refuercen y enriquezcan la colaboración a lo largo de los años. En definitiva, conviene que busques un **tándem** y que hagas el esfuerzo de pedalear a su ritmo; si el viaje es largo, él también acabará por encontrar ventajas en adaptarse al tuyo.

Quizá ya tienes un maestro al lado y no lo sabes o no lo «usas». En este caso, mi sugerencia es que seas audaz, le invites a comer y le plantees aprender con él, al tiempo que le aportes algún valor, colaborando con él en algo.

Y si crees que ya es tarde para buscar un maestro, ¿has pensado en la posibilidad de buscar un discípulo?

La relación con un maestro es un viaje largo, y no hace falta ni es sensato puntualizar todos los términos de la relación desde el principio. Lo lógico es que evolucione con los años y que adopte distintas fórmulas. De hecho, hay infinitas, pero por si te sirve de referencia, te contaré la nuestra.

En pocas palabras: ¿Conoces a alguien a quien te gustaría tener como maestro? ¿Y como discípulo?

Piénsalo mientras escuchas la **canción #6.**

#7. LA FÓRMULA DE COLABORACIÓN

Mi primera conversación con Luis Huete fue el viernes 4 de febrero de 2005. Nunca antes nos habíamos visto, pero sintonizamos de inmediato. Yo vi en él un maestro inspirador, y probablemente él vio en mí a un joven con algo de experiencia y muchas ganas de aprender.

Al final de la conversación, Luis me pidió que le ayudase con su propio marketing y con el del libro que estaba escribiendo en ese momento, ***Construye tu sueño***. Así que empecé haciendo algo que sabía, y poco a poco, aprendiendo lo que no: dar clases en escuelas de negocio, impartir seminarios y asesorar a equipos de dirección. Calculo que, durante aquel año, le acompañé durante más de cien horas en clases y sesiones con equipos directivos de España y Latinoamérica. Aún conservo las libretas **Moleskine**[12] en las que iba anotando todo lo que decía y que luego he repasado tantas veces. Esta metodología me ha servido para sentar las bases de aprendizajes posteriores, compartimentando el cerebro y calibrando mi foco profesional.

Un día, Luis me pidió que le acompañase a impartir una sesión en **ISEM Fashion Business School**[13] y que yo diese unos 40 minutos de clase sobre Marketing Online. A los pocos días, la entonces directora general del ISEM, **Rocío Ortiz de Bethencourt**, me pidió que fuese a dar otra clase, y luego otra más y... un año después, la escuela me propuso dirigir el Área de Innovación.

Este tipo de oportunidades se han multiplicado durante los últimos años y se han convertido en una sólida palanca profesional. Son oportunidades que no esperas —ya lo cantó **John Lennon**: «Life is what happens to you while you're busy making other plans[14]»—, pero para las que tienes que estar preparado, porque en este oficio te la juegas (es decir, se te abren o se te cierran puertas) cada vez que te enfrentas a una audiencia.

Al cabo de un año de colaboración, Luis me planteó que me incorporase a su equipo y que integrase a mis clientes (entonces tenía cuatro y estaba felizmente desbordado) en una cartera común. Y tras cinco años de trabajo —y una colección de retos formidables— la fórmula sigue evolucionando sobre un esquema que consiste en **compartir conocimiento** (para lo cual resulta valioso que maestro y discípulo tengan áreas de especialización complementarias), **compartir material** (fuentes de información, documentación y diapositivas para clases y consultoría) y **compartir un equipo** de apoyo que se encarga de la labor comercial y de desarrollo de negocio, las tares administrativas y la de asistente personal para la coordinación y gestión de viajes, etc.

Y añadiría otra más: **compartir conversaciones**. En los últimos años, Luis y yo hemos viajado juntos en avión y en coche muchas veces, y ha sido en esos momentos cuando hemos aprovechado para darnos *feedback* (ver **capítulo #10**) y diseñar nuevos conceptos y nuevos seminarios, como uno que titulamos **«Thinking-Red: 5 respuestas empresariales a la aceleración»**, volviendo de un viaje por América en 2006, y que impartimos decenas de veces en 2007. A 30.000 pies de altura y cruzando el océano, resulta más fácil elaborar las ideas sin restricciones, como desplegando un mapa de bolsillo en mitad de un viaje fascinante.

Estas largas y periódicas conversaciones han sido una fuente memorable de aprendizaje y ojalá que hayan ahondado el surco de la **escuela peripatética** (esta denominación procede de la voz griega *peripatos*, «paseo», ya que las lecciones en la escuela del Liceo, fundada por **Aristóteles**, se impartían caminando).

En definitiva, creo que esta fórmula de colaboración me ha permitido aprender mucho más rápido (yo diría que hasta tres veces más rápido) que si hubiese continuado mi trayectoria como otro lobo estepario. Y ésta es, precisamente, una de las grandes ventajas de tener un maestro: aprender rápido.

En pocas palabras: ¿Con qué fórmula te gustaría colaborar con tu maestro? ¿Qué te gustaría que te aportase y qué podrías aportarle?

Piénsalo mientras escuchas la **canción #7.**

#8. APRENDER RÁPIDO

¿Para qué sirve un maestro? En pocas palabras, un maestro es un magnífico atajo para aprender más y mejor y crecer más rápido. A finales de 2005, de camino a la Sierra de Madrid para dar un seminario a directivos de **Banesto**, Luis me dijo: «Álvaro, deberías hacer un programa en el IESE». Al día siguiente, me preguntó: «¿Has enviado ya la solicitud de admisión?». La envié esa noche y en enero de 2006 me incorporé al Programa de Desarrollo Directivo (PDD).

Esas dos breves conversaciones de finales de año son una buena muestra del ritmo que marca un maestro, introduciendo una sana presión para acelerar el aprendizaje.

Conozco a bastantes personas de nuestra generación que han dejado de aprender y de crecer profesionalmente —incluso aunque hayan escalado puestos en el organigrama— cuando han entrado en la década de los treinta.

Quizá han querido imitar a algunos directivos de anteriores generaciones, que pudieron acomodarse —es decir, alcanzar una cierta categoría profesional, instalarse en un puesto directivo y acorazar el despacho— con más facilidad, debido a que se desarrollaron profesionalmente en mercados crecientes y estables, o tal vez a que tuvieron éxito muy pronto.

¿Cómo es posible que buena parte de nuestra generación esté acomodada en un momento tan fascinante de la historia de la humanidad? ¿Por qué hay tantos *high potential* arrinconados en puestos irrelevantes que no se atreven a tomar las riendas de su vida profesional? ¿Cómo pueden las multinacionales y las grandes empresas sedar la sana ambición profesional de tanta gente valiosa con la promesa de una estabilidad y de una seguridad que cada vez son más efímeras?

Pienso que, entre la variedad de excusas, hay un denominador común: falta de **foco** y de **energía**. Especialmente en una sociedad en la que hay un exceso de todo y también de posibilidades de elección, como expresa **Barry Schwart** en este vídeo sobre **The Paradox of Choice**[15].

Tener **foco** en el aprendizaje es cada vez más importante y más difícil, debido a la avalancha informativa que nos llega constantemente al e-mail o a través de las redes sociales y profesionales. Acabo de hacer una prueba: he entrado en Facebook y, solo en las últimas 24 horas, en mi muro aparecen más de 20 recomendaciones de artículos y documentos interesantes. Y lo peor es que casi todas proceden de profesionales de primer nivel, como por ejemplo, **José Luis Orihuela**, un referente internacional para saber por dónde van los tiros en internet, o **Seth Godin**, el «**Tom Peters** del marketing», a quien tuve la suerte de conocer en Nueva York en 2005.

¿Lo tengo que leer todo? No, es inútil. De hecho, hay una cierta incompatibilidad entre aprender sobre bases sólidas y estructuradas y el extenuante intento de estar al día, aunque solo sea de noticias referentes a tu sector. En realidad, estar al día es sencillamente imposible. Y cada día lo es más, ya que cada vez hay más herramientas al alcance de más personas para producir más información. Y la buena información se mezcla con la regular y con la mala, de modo que se hace imprescindible contar con un guía para atravesar vivo la jungla.

Algunas sugerencias para tener foco en tu aprendizaje:

- Pide a tu maestro una selección de **10 libros esenciales** en el área en la que quieres crecer profesionalmente. Detrás de sus recomendaciones hay años de estudio, de experiencia, y probablemente, de haber perdido horas leyendo libros inicialmente prometedores que luego resultaron prescindibles. Una recomendación así es un atajo seguro. Y un acelerador impagable de tu aprendizaje. Estos son algunos libros que me han resultado valiosos en mi trabajo de innovación y transformación de empresas:
  – ***Seing What's Next.*** Clayton Christensen.
  – ***Small Giants.*** Bo Burlingham.
  – ***Good to Great.*** Jim Collins.
  – ***The Innovator's Guide to Growth.*** Scott Anthony, Mark Johnson, Joseph Sinfield, and Elizabeth Altman.
  – ***The Silver Lining.*** Scott Anthony.
  – ***Making Innovation Work.*** Tony Davila, Marc J. Epstein, Robert Shelton.
  – ***The Esssentials of Managing Change and Transition.*** HBS Press.
  – ***Designing Organizations.*** Jay R. Galbraith.
  – ***The Seven-Day weekend.*** Ricardo Semler.
  – ***Construye tu sueño***. Luis Huete.
- Otra clave para acertar con los libros es saber de qué buenos libros basta con leer un buen resumen. Por ejemplo: puede ser más que suficiente leer el resumen de treinta páginas que hace **Harvard Business Publishing**[16] del libro ***Blue Ocean Strategy***[17], en vez de leer sus 230 páginas.
- Identifica 2 o 3 fuentes de documentación, casos e informes, y resérvate 3 o 4 horas a la semana para estudiarlos. Si viajas con frecuencia, los aviones son una buena opción,

ya que, mientras no cambien las regulaciones aéreas, allí arriba no serás interrumpido por llamadas ni e-mails. Mis fuentes habituales son: ***Mckinsey Quarterly***[18], ***Harvard Business Review***[19], ***The Economist***[20] y ***TED***[21]. Otra posibilidad es suscribirte a los canales que tienen algunas de estas fuentes en **YouTube**.

- Identifica un referente internacional al que seguir la pista. Dado que mi área de especialización es la innovación, el autor que elegí es el profesor de Harvard Business School **Clayton Christensen**, quien tiene una visión y un modelo conceptual sobre la innovación extraordinariamente reveladores y aplicables en mi trabajo de consultoría.
- Utiliza la tecnología para aprender mientras haces la compra, entrenas en el gimnasio, vas por la calle o de camino al trabajo. **Amazon** e **iTunes** tienen secciones de audiolibros y cada vez hay más instituciones académicas de primer nivel que ofrecen *podcasts*, como **London Business School**[22] o **INSEAD Knowledge**[23].
- Entre el sinfín de congresos, jornadas y eventos que se producen cada año en tu sector, seguramente hay uno o dos que son los verdaderamente interesantes. Acude a esos, en la medida de lo posible, y olvídate del resto.
- Identifica a un proveedor de información sugerente: alguien con criterio que no se dedica a hacer reenvíos aleatorios de todo lo que va viendo mientras navega, sino que filtra la información y la envía con una periodicidad adecuada. El mejor que yo he encontrado es **Antonio González-Barros**, presidente del **Grupo Intercom**[24]. Antonio es un ejemplo excepcional de CEO que ha diseñado su puesto de trabajo para centrarse en la estrategia y en las personas, y por eso realiza esos envíos de información a su equipo y a sus amigos.

En pocas palabras, para tener foco en el aprendizaje hay que elegir y, sobre todo, hay que **rechazar la gran mayoría de las**

opciones que se nos presentan. En este sentido, contar con el criterio de un maestro es una ventaja excepcional, ya que te ayudará a diseñar tu **segunda carrera**, aquella en la que construyes sobre la experiencia acumulada, y en la que eres tú quien marca el rumbo del resto de tu vida profesional.

La **primera carrera** —insensatamente sobrevalorada en los currículum— es la que «elegiste» con 16 o 17 años y estudiaste desde los 18 a los 22 años, cuando no sabías distinguir entre los fuegos artificiales de las fiestas de tu pueblo y una bala silbándote en los oídos.

Puede que te facilite el aprendizaje conocer tu tipo de inteligencia. **Howard Gardner**[25], psicólogo y profesor en la **Universidad de Harvard**, define la inteligencia como la «capacidad de resolver problemas o elaborar productos que sean valiosos en una o más culturas», y cree que todos los seres humanos están capacitados para desarrollar ampliamente su inteligencia. Gardner distingue ocho tipos de inteligencia:

- **Inteligencia lingüística:** la habilidad de pensar verbalmente y de usar el lenguaje para expresar significados complejos. Es la que tienen los escritores, los poetas y los buenos redactores. Utiliza ambos hemisferios. Por ejemplo: **Walt Whitman**.
- **Inteligencia lógica-matemática:** utilizada para resolver problemas de lógica y matemáticas. Es la inteligencia que tienen los científicos. Se corresponde con el modo de pensamiento del hemisferio lógico y con lo que la cultura occidental ha considerado siempre como la única inteligencia. Por ejemplo: **Albert Einstein**.
- **Inteligencia espacial:** es la capacidad de formar modelos mentales en tres dimensiones. Es la inteligencia que tienen los marineros, pilotos, ingenieros, cirujanos, escultores, arquitectos, decoradores y diseñadores. Por ejemplo: **Frank Lloyd Wright**.

- **Inteligencia musical**: es la habilidad de distinguir y crear melodía, ritmo y tono. Es la inteligencia de los músicos. Por ejemplo: **Wolfgang Amadeus Mozart**.
- **Inteligencia corporal-cinestésica:** es la capacidad de utilizar el propio cuerpo para realizar actividades o resolver problemas. Es la inteligencia de los deportistas, artesanos, cirujanos y bailarines. Por ejemplo: **Michael Jordan**.
- **Inteligencia intrapersonal:** es la inteligencia que permite entenderse a sí mismo y a los demás. Suelen tenerla los buenos vendedores, políticos, profesores y psiquiatras. Por ejemplo: **Sigmund Freud**.
- **Inteligencia interpersonal:** es la inteligencia que tiene que ver con la capacidad de entender a otras personas y trabajar con ellas. Se suele dar en profesores y psicólogos. Por ejemplo: **Madre Teresa de Calcuta**.
- **Inteligencia naturalista:** es utilizada cuando se observa y se estudia la naturaleza con el fin de organizarla y clasificarla. Es la que demuestran los biólogos o los botánicos. Por ejemplo: **Charles Darwin**.

Hace meses, dando un seminario, leí esta lista. Al terminar, un participante con cara de angustia me preguntó: «¿Y si no tienes ninguna de las ocho?». «Será que tienes un noveno tipo, la inteligencia generalista», le contesté, intentando aliviarle...

Conocer tu tipo de inteligencia es una gran ventaja para diseñar un plan acelerado de aprendizaje apoyándote en tus fortalezas y no tratando de compensar tus debilidades, como me quedó claro en 2007, tras asistir en Londres a una **conferencia**[26] de **Marcus Buckinham**, autor del libro ***Go Put Your Strengths to Work***.

Foco y **energía**. De igual manera que un karateka es capaz de romper ladrillos o bloques de hielo concentrando toda su fuerza en el canto de la mano, si aprendes a orientar tu energía hacia un foco acertado, te sucederá lo que afirmó

Bertrand Russell: «Cuando un hombre sabe a dónde va, el mundo entero se aparta para darle paso».

Desde que la conocí, siempre me ha admirado la energía de **Covadonga O'Shea**, presidenta de ISEM Fashion Business School. Basta con echar un vistazo a su biografía en Wikipedia para hacerse cargo de lo imparable que resulta una persona cuando está llena de energía y sabe a dónde quiere ir. La última prueba ha sido su reciente *best-seller* ***Así es Amancio Ortega, el hombre que creó Zara***, que publicó en 2008.

Otro referente monumental de energía es **Salem Samhoud**, fundador y CEO de **&Samhoud**[27], una consultora internacional especializada en *change management*. En 2007 tuve la suerte de trabajar durante tres semanas con su equipo en las oficinas de Utrecht (Holanda) y de comprobar cómo a Salem le bastan unos minutos para contagiar su energía alrededor. Aunque lo que más admiro es su inusual combinación de una sana y firme ambición profesional con una dedicación a su familia de tres días *full-time* a la semana. Salem ha sabido rodearse de un equipo con el que yo me iría al fin del mundo.

Si con 30 años no tienes una energía intelectual y vital arrolladora, haz que te vea un especialista... Y si crees que a tu edad es imposible cambiar el curso de tu trayectoria, échale un vistazo a este vídeo, en el que **Ray Zahab**[28] cuenta como superó el récord mundial de velocidad cruzando la Antártida a pie y sin apoyo logístico. A mi me inspiró especialmente una frase que dice casi al final: «I've been running for the "grand sum" of five years... And before that, I was a pack-a-day smoker».

En pocas palabras: ¿Hay un foco claro en tu estudio y en tu aprendizaje? ¿Y cómo andas de energía?

Piénsalo mientras escuchas la **canción #8.**

#9. DISCIPLINA

La disciplina es una de las características clave de las empresas que **Jim Collins** define como «Good to Great». Collins expresa la necesidad de crear una «cultura de disciplina» en la que se lleven a cabo acciones disciplinadas en la intersección de los tres siguientes círculos:

Pero la disciplina organizativa no reside en los procesos, ni puede pulverizarse como un aroma mágico en las oficinas, a través de los conductos de aire acondicionado. La disciplina es una cualidad personal que se alcanza con... eso, con mucha disciplina. Y es absolutamente necesaria para gestionar tu energía y enfocarla en la dirección de las metas que te has propuesto.

Resulta asombroso participar en comités de dirección en los que algunos directores no toman notas. Y más aún cuando se están estableciendo prioridades o fijando fechas que implican a su departamento. Y no es menos asombroso contemplar, cuando se deciden a tomar notas, que lo hacen en papeles sueltos, que muy frecuentemente acaban perdidos en la entropía de su mesa. Lo he visto muchas veces en decenas de empresas y me atrevo a afirmar que, cuando un equipo directivo no es disciplinado, la empresa está enferma.

Algunos síntomas que pueden revelar **falta de disciplina personal** (la siguiente lista no pretende ser una clasificación exhaustiva, es simplemente una lista aleatoria que tal vez pueda hacerte reflexionar al respecto):

- No eres puntual.
- No eres regular en tu horario (de comida, de trabajo, de deporte, de familia, de amigos...).
- Tu mesa está desordenada. Tu armario está desordenado.
- Tu coche está desordenado y probablemente sucio.
- Te saltas la dieta.
- Has intentado varias veces dejar de fumar.
- No cumples los plazos que te has propuesto o te han propuesto.
- No planificas bien. Trabajas resolviendo el día a día, pero no programas tu trabajo y no están claras las prioridades.
- Por olvido o por desorden, dejas e-mails sin contestar, llamadas sin devolver y mensajes sin responder.
- No tienes un buen sistema de archivo de información en tu ordenador. O lo tienes pero no lo usas.

- Empiezas con entusiasmo muchas más cosas de las que terminas, por falta de constancia.
- Antes de la popularización de Facebook y de otras redes sociales se te pasaban los cumpleaños de tus familiares y amigos. Y si ahora también, el problema es más grave...

A algunas personas parece que la disciplina les sale sin esfuerzo, mientras que a otras les resulta una carga insoportable. Pero esta cualidad está al alcance de todos y, si eres del segundo grupo, el esfuerzo por conquistarla desplegará facetas de tu personalidad que te harán más atractivo profesionalmente y, con toda seguridad, también personalmente. Una persona esforzada es más valiosa que una persona que se excusa con un cómodo «yo es que soy así».

Estoy de acuerdo con el escritor australiano **Matthew Kelly** cuando sostiene que la disciplina —o mejor, la autodisciplina— es una cualidad transversal que genera grandeza en todas las dimensiones de la persona humana: física, emocional, intelectual y espiritual. Cuando comemos bien, hacemos ejercicio y dormimos con regularidad, nos encontramos mejor físicamente. Cuando amamos y damos prioridad a las relaciones más significantes de nuestra vida, cuando ayudamos a los demás, nos sentimos más vivos emocionalmente. Cuando estudiamos y tenemos la actitud permanente de aprender, crecemos intelectualmente. Y cuando rezamos, si somos creyentes, o cultivamos nuestro espíritu de otras maneras, nos sentimos más plenos espiritualmente.

La culpa de muchas reglas tan injustas como ineficientes que hay en las empresas la comparten al 50 % las personas que no tienen suficiente autodisciplina y los directivos que no han logrado desplegar una cultura de disciplina en sus colaboradores. Como, por ejemplo, los horarios de trabajo no flexibles, ni adaptables a ciertas circunstancias personales. O la imposibilidad o las excesivas restricciones a trabajar desde casa. O las limitaciones en el uso de internet en los puestos de trabajo. Añade las que quieras a la lista...

En un mundo con tantas distracciones, es necesario cultivar la autodisciplina y revisar los hábitos de trabajo para no convertirse en un profesional ineficiente, que además tiene la sensación de que no para... Si tu principal instrumento de trabajo es un ordenador, **necesitas ser un campeón de la autodisciplina** para centrarte en tus tareas mientras:

- Recibes un constante goteo de e-mails que se notifican con un sonido o con una ventanita desplegada durante unos segundos en tu escritorio.
- Tienes Facebook abierto en tu navegador.
- Recibes mensajes de chat vía Messenger, Facebook y Skype.
- Recibes llamadas en el teléfono fijo, en el móvil y a través de Skype.
- Recibes visitas de compañeros en tu mesa o despacho.
- Oyes conversaciones a tu alrededor.

Es posible que, antes de todas estas interrupciones que nos ha traído la **conectividad 360°**, tú fueses un profesional eficiente. Por eso, quizá te vendría bien hacer ahora una auditoría al tiempo que pasas delante del ordenador con el fin de revisar los hábitos que has ido incorporando últimamente y diseñar una nueva manera de trabajar.

Algunas sugerencias para **trabajar con disciplina**:

- Decide cuándo vas a revisar tu e-mail y ajústate a lo programado. Una posible opción sería revisarlo a primera hora de la mañana y luego a las horas en punto (10:00, 11:00, 12:00, 13:00...)
- No te conectes a Facebook durante el trabajo. O solo al final de la mañana y al final de la tarde.

- Desconéctate de Skype cuando no tengas pensado utilizarlo. O cambia tu estado a «Ocupado».
- Si trabajas en una oficina con otros colegas y hay frecuentes interrupciones, pon un pequeño banderín —por ejemplo— encima de tu monitor cuando necesites concentrarte en un tema y no quieres ser interrumpido. Podrías plantear un pacto así con los colegas que tienes sentados alrededor.

Algunas recomendaciones para entrenar y **aumentar tu autodisciplina**:

- Comprométete a hacer deporte un número concreto de días cada semana. Y, dependiendo del deporte, márcate objetivos (tiempos, distancias, *handicap*, mejorar el revés en tenis...).
- Haz una breve tabla de gimnasia al despertarte o antes de acostarte. Una serie de flexiones y otra de abdominales. Total, 4 minutos.
- Sigue una dieta equilibrada y no comas nada entre comidas.
- Prueba a darle la vuelta al televisor durante 6 meses. Un matrimonio amigo lo hizo y, aunque la experiencia no fue fácil, quedaron muy satisfechos. También conozco un caso de tirar el televisor por la ventana en un piso de estudiantes en el que era imposible concentrarse. Si optas por esta opción, conviene que te asomes antes a la ventana... Una vez que la televisión —por un motivo u otro— no está operativa, te sugiero que veas cada noche, después de cenar, algunos vídeos en **TED**[29], una selección de conferencias en formato 20 minutos en las que profesionales de primer nivel (algunos, famosos, y la gran mayoría, brillantes desconocidos) ofrecen claves y perspectivas sobre cosas que están pasando en el planeta Tierra y que no deberías perderte.
- Levántate y vete a dormir a hora fija.

Son solo recomendaciones. Añade a tu lista las que quieras o busca otras. Pero cúmplelas desde hoy.

Una reciente lección de disciplina me la dio **Paul De Villiers**, director general de **Amadeus España**, cuando me señaló con claridad, y a la vez con delicadeza, dos erratas en un texto que había escrito para su equipo: «Te lo comento porque sé que eres un perfeccionista y no me gustaría que la gente pensara lo contrario», añadió. Y se lo agradecí, porque es un privilegio recibir *feedback* y más de alguien que lo hace con el sincero deseo de ayudarte.

En pocas palabras: ¿Qué podrías hacer desde hoy para mejorar tu disciplina?

Piénsalo mientras escuchas la **canción #9.**

#10. FEEDBACK

Recuerdo la primera conferencia que di conjuntamente con Luis Huete. Fue en el **Palacio de Congresos de Logroño**, a mediados de 2006, de la mano del **Grupo Eulen**. Allí comenzó una gira de conferencias para sus clientes, organizada por **Javier de Arnedo**, el director de Marketing, que nos llevó durante dos años por una docena de ciudades españolas. En el viaje a Logroño —íbamos en un coche de alquiler con conductor— Luis se durmió y yo, que llevaba una semana preparando mi intervención, seguía memorizando cada palabra que iba a decir.

Tenía verdadero miedo escénico, porque Eulen nos había contratado para una gira y no quería que se suspendiese por un patinaje mío ante 300 empresarios en la primera ocasión... Y también porque, sin ni siquiera haber sido antes su telonero, me tocaba hacer un dueto con el «**Bruce Springsteen** del Management» en España, como el de este **vídeo**[30], pero salvando un millón y medio de diferencias...

Al principio me tembló la voz, pero tras un par de minutos, me centré en lo que estaba contando y, finalmente, salió lo suficientemente bien como para que la gira no se cancelase y la audiencia asumiese que ya llevábamos tiempo dando conferencias a dúo.

En el viaje de regreso, Luis me felicitó de corazón y esa fue la mayor inyección de autoestima y de seguridad que había experimentado en años. Pero también aprovechó para darme feedback sobre cosas que debería cambiar o mejorar. Al día siguiente, acompañé a Luis a un viaje a Tailandia, para trabajar con la cadena **Six Senses**, y no recuerdo haber dormido nunca mejor en un avión, todo seguido, desde el cierre de puertas hasta su apertura en el lugar de destino, sin enterarme de las comidas y con el inmenso alivio de la «prueba superada». Desde entonces, Luis y yo hemos tenido decenas de conversaciones dándonos *feedback* mutuamente, que se han revelado como un buen antídoto contra la complacencia.

Si nunca nadie te da *feedback* es muy fácil que te acostumbres a tus propios defectos, en cualquier dimensión de la vida. Y este peligro se acentúa si las personas de las que estás rodeado no te aprecian lo suficiente como para pasar el relativo mal trago de decirte algo en lo que puedes mejorar, o no tienen agallas para hablarte claro, cara a cara. O quizá es que te has rodeado de personas que te «bailan el agua», o de pusilánimes. O puede que no haya manera de decirte nada, porque saltas inmediatamente como un tigre, o concluyes precipitadamente que tú no sirves para esto o lo otro, o que eres así y no vas cambiar. O, lo peor de todo, es que los que te rodean no te aprecian y no se toman la molestia de darte *feedback*.

Algunas empresas utilizan el *feedback* 360°, una herramienta que permite conocer lo que opinan de ti las personas que te dirigen, tus colegas y las personas que te reportan. He leído suficientes informes de este tipo en diferentes empresas como para concluir que:

- Algunas personas tienen una visión irreal de sí mismas. Piensan que tienen más cualidades que las que observan sus compañeros.

- Algunas personas tienen a minusvalorar sus cualidades y su potencial. A veces por inseguridad y otras por una falsa humildad.
- Algunas personas no se conocen. Su visión de sí mismos difiere notablemente, por virtud o por defecto, de lo que opinan sus colegas.
- Algunas personas no aceptan los resultados del *feedback* como una oportunidad de mejora, sino que se excusan y centran su energía en identificar a sus detractores dentro de su equipo.
- Y algunas personas tienen una visión de sí mismas que, a grandes rasgos, coincide con la que tienen los demás, y además reciben el *feedback* con humildad y con el deseo de mejorar.

Para un profesional es tan importante recibir *feedback* como para una empresa conocer a sus clientes. Y de la misma manera que las empresas que no destacan por conectar con sus clientes y entender sus necesidades acaban por perderlos, los profesionales que no reciben *feedback* pierden la oportunidad de mejorar y ponen un techo de nivel 3 a su liderazgo (ver **capítulo #6**).

Cuando das seminarios a empresas y clases en escuelas de negocio, es habitual recibir informes de evaluación. Son una herramienta de *feedback* tan valiosa para la empresa o la escuela como para el *speaker* o profesor. Estas son las conclusiones tras analizar todos los que he recibido en los últimos años:

- Se agradecen con toda el alma los comentarios positivos. Son muy reconfortantes y te animan a seguir luchando para mejorar tu trabajo.
- Las críticas constructivas son una oportunidad de oro para rectificar y mejorar.
- Las críticas no constructivas, aunque sean opiniones aisladas y en discordancia con el resto de la audiencia, son inte-

resantes para constatar que a no todo el mundo tiene por qué gustarle tu estilo. Y que en cualquier caso, sin perder tu personalidad, resulta enriquecedor el esfuerzo de ser flexible para adaptarte a personas tan variopintas como tú mismo.

Algunos motivos que devalúan el *feedback* o lo hacen estéril:

- Si se da en «caliente», motivado por un enfado o un encontronazo.
- Si no se hace con delicadeza y con educación.
- Si el que lo recibe no percibe —tanto en el lenguaje verbal como en el no verbal— que quien lo da le aprecia y quiere ayudarle, no herirle.
- Si se mezclan planos que tienen lógicas distintas, como el personal y el profesional.
- Si se hace en presencia de otras personas.
- Si se pretenden abordar demasiados aspectos.
- Si no es claro y concreto.
- Si se acorrala al que lo recibe, quien posiblemente se defienda atacando, como un boxeador contra las cuerdas, cuya única salida es golpear al contrincante.
- Si se adopta un tono paternalista.
- Si no se enfoca con un tono positivo y esperanzado.
- Si no hay un mínimo de confianza y respeto entre las dos personas.
- Si no se tiene sentido de la oportunidad y se da en un momento inadecuado.
- Si se hace por e-mail. La clave del *feedback* es el tono y es francamente difícil manejarlo en formatos escritos. Si no es posible hacerlo cara a cara, se puede hacer por videoconferencia o por teléfono.

En cualquier caso, pide *feedback*. Una manifestación de madurez es recibirlo bien incluso aunque se dé mal.

En los últimos años he recibido *feedback* de muchas personas en diversos contextos. Pero hay algunas ocasiones en las que el mensaje cala más hondo, quizá porque tiene impacto emocional.

Aprovecho ahora para agradecer la última recomendación que me dio **Peter de Miguel**, un profesor de la Universidad de Navarra que falleció en 2007 debido a un cáncer fulminante. La penúltima vez que le vi, yo estaba cargando las maletas en un coche para dejar Pamplona, con la carrera recién terminada en la Universidad de Navarra. Él estaba en la acera y le pedí —más por hacer la broma que esperando una respuesta— que me diese un consejo para el resto de mi vida. Mientras yo entraba en el coche, Peter, sin demorarse un segundo y mirándome a la cara, disparó: «Di siempre la verdad».

En pocas palabras: ¿Cuándo ha sido la última vez que te han dado un *feedback* valioso? ¿Qué te dijeron?

Piénsalo mientras escuchas la **canción #10.**

#11. SABER RODEARSE

No hay por qué tener un solo maestro. De hecho, es una suerte poder contar con varios. Algunos son para una época y otros para toda la vida. **Paco Sánchez**[31], director de Comunicación del **Grupo Voz**, y antiguo vicedecano de mi facultad, es de esta última categoría. De todas las enseñanzas que he recibido de Paco hay una que me parece particularmente inolvidable, porque es una recopilación de «saberes» de enorme calado, expresados con un gran sentido práctico: hay que «saber mirar, saber preguntar, saber escuchar, saber contar y... saber cobrar», aunque creo que esta última no era de Paco; es un cómico cierre que alguien añadió, pero ya no hay quien lo separe de la ristra.

Aprovecho esta ocasión para añadir otro: «saber rodearse». La fórmula más simple de este concepto sería la de tener un **tándem**.

Al principio de la etapa en la que trabajé en **eresMas** —que luego fue **Wanadoo,** ahora es **Orange** y mañana, vaya usted a saber, dada la afición de este sector al crecimiento no orgánico, sino basado en adquisiciones y fusiones—, convencí a mi director para que me dejase contratar a un tándem: una persona con cualidades complementarias a las mías, con la que pudiese dar forma al proyecto que se me había encomendado. Elegí a **Cesar Suárez**[32], que ahora es un flamante redactor jefe en la revista **Telva**. Como todos los empleados, César tuvo que pasar por el *head hunter* y escuchar las promesas de *stock options* y otras baratijas de aquellos años...

La siguiente escena tras mis entusiasmadas conversaciones con el director sobre la capacidad creativa de César fue que se presentó el primer día de trabajo ¡en pijama! Yo no sabía dónde esconderme cuando me preguntaron: «¿Éste es el creativo, no?». (César alegó que no era un pijama, sino unos pantalones del diseñador **Duyós**[33]. De acuerdo. Pero cualquiera se los pondría para dormir...).

Con todo, el episodio del pijama no fue el más memorable, debido a la ilimitada capacidad creativa de quien yo solía denominar como «mi parte no racional». Pero prefiero reservarme otros episodios para contárselos a sus hijos... Trabajar con César ha sido uno de los momentos profesionales más geniales y divertidos que he tenido. Ahora mi tándem es Luis Huete, un maestro cuya metodología consiste en asegurarse de que no dejes de aprender a base de embarcarte en retos de vértigo.

Hace años tuve un periodo **Beatle**, del que todavía no me he recuperado completamente. La culpa la tuvo mi amigo **Gustavo Entrala**, que consiguió el DVD ***Antologhy***[34], una recopilación en once horas de la historia de **Paul**, **John**, **Ringo** y **George** capaz de hacerte tan fanático como las quinceañeras que les esperaban gritando en el aeropuerto. Los que durante semanas no han podido dejar de escucharles a diario o se han vestido de negro en el aniversario de la muerte de John Lennon saben a qué me refiero... Luego nos leímos varias biografías y al final acabamos, junto a **Jordi Serra**, formando una banda, **Los Paranoias**, que solía ensayar sus canciones los sábados por la mañana y actuar los sábados por la noche, pero sólo para los amigos. Cualquiera que conozca la discografía de los Beatles estará de acuerdo en que la magia surgió del tándem **Lennon-McCartney**. Y que por separado, ninguno logró alcanzarla...

Mi amiga **Agatha Ruiz de la Prada**[35] —tal como ella misma me autorizó a nombrarla tras dedicarme uno de sus coloridos cuadernos con un «a mi amigo Álvaro»— tiene por tándem a **Fernando Aguirre**, director general de la firma. En los últimos años he conversado con ellos suficientes veces en ISEM Fashion Business School como para concluir que representan un gran ejemplo de saber integrar —a través de la amistad y de la sintonía profesional— dos personalidades y dos talentos profesionales dramáticamente diferentes.

Y tú, ¿tienes un tándem?

Dado que es improbable que tu personalidad haya desplegado toda la posible riqueza del ser humano, trabajar codo con codo con distintas personas es una oportunidad para conocer y aprender otras perspectivas y ganar en flexibilidad para adaptarse a ellas.

Por eso me produce cierta pena escuchar a algunas personas mencionar explícitamente a los que no les «caen bien» de su clase o de un grupo o de su empresa. Esa actitud revela una mirada muy estrecha. Y muy mezquina.

Tan estrecha y tan mezquina como la de esos profesionales brillantes que no han querido o no han sabido encontrar un discípulo que enriquezca con su aportación su trabajo y que le dé continuidad. Me recuerdan a esos buscadores de setas que durante años mantienen en secreto la ubicación de sus «setales» y solo la revelan en el lecho de muerte, susurrándola con su último aliento.

En 2007 leí ***How Customers Think***[36], de **Gerald Zaltman**. En este recomendable libro, el profesor de Harvard Business School mantiene la tesis de que las herramientas de las que abusa el marketing —encuestas, entrevistas y dinámicas de grupo— y sus planteamientos tradicionales no consiguen profundizar lo suficiente para ayudar a los consumidores a descubrir y expresar lo que realmente quieren. Zaltman argumenta que un 95 % de lo que pensamos se sitúa en el subconsciente. Por tanto, sacar a la luz los auténticos deseos de nuestros clientes nos ayuda a entender mejor el comportamiento de la demanda en nuestro mercado.

Es un libro que ofrece una visión y una metodología muy interesantes para rediseñar la estrategia de marketing, pero cuyas conclusiones son extrapolables a la hora de abordar temas como el liderazgo o la gestión de equipos. En concreto, resulta inquietante la combinación de los dos siguientes factores:

- **A.** El libro presenta experimentos que demuestran que el efecto placebo en los pacientes se modifica con un factor tan sutil como el hecho de que la persona que proporciona la medicina sepa si es placebo o no. Así, cuando el dentista explica y receta un analgésico tras una intervención, sabiendo que es un placebo, el efecto placebo es inferior que cuando desconoce que se está realizando un experimento, aunque emplee exactamente las mismas palabras: «Tómese este analgésico, le hará efecto en media hora, bla, bla, bla».
- **B.** Por otra parte, Zaltman enumera algunas de las múltiples variables de la corporalidad que nuestro cerebro procesa instantáneamente cuando interactuamos con otra persona: tacto, entonación, gestos, distancia, sentido del tiempo, contacto visual, mirada, dilatación de pupilas, olor, apariencia, adornos, tono de voz, etc.

De manera que, cuando hablamos con alguien, no sólo enviamos un mensaje verbal, sino que nuestros subconscientes también se comunican (**A**) gracias a la poderosa capacidad que tiene el cerebro de procesar la información captada por los sentidos (**B**). Y por tanto, cuando no hay sintonía entre lo que decimos y lo que pensamos, esa «mentira» se expresa en nuestro organismo y es detectada por el subconsciente de nuestro interlocutor, aunque esa información no pase a un nivel consciente. Por eso hay personas que nos ofrecen confianza y otras que no, y a veces no sabemos explicar el porqué de nuestra intuición.

Todo esto a mi me ha hecho reflexionar sobre la **sintonía** entre las personas. Y he llegado a la conclusión de que no nos queda más remedio que aprender a mirar con afecto y respeto —tal vez esta es la mirada que proponía Paco Sánchez— a todas las personas, porque así, incluso las personas que te caen mal, «si eres paciente, acabarán por mostrarte su lado bueno», tal como lo expresó el profesor de la Universidad Carnegie Mellon **Randy Pausch** en el sobrecogedor **vídeo**[37] que grabó cuando sabía que le quedaban seis meses de vida.

Con esta mirada acabarás descubriendo a muchas personas interesantes que ya están a tu alrededor. Y conectarás con ellas y aprenderás de ellas. Mi experiencia es que, cuando identificas a esas personas de las que quieres rodearte profesionalmente, se acaba creando una sintonía que, con el tiempo, se convierte en amistad. Seguro que a ti también te sucede.

En pocas palabras: ¿De quién te estás rodeando profesionalmente? Haz una lista con los diez profesionales más valiosos con quienes estás en contacto.

Piénsalo mientras escuchas la **canción #11.**

#12. LA MUSCULATURA DE LA AMISTAD

Hace tiempo, un grupo de amigos celebramos el aniversario de boda de **Emilio Iturmendi** y **Paloma Martínez**. Y **Jorge Manzur** se «quejó» de que no sale en mi **blog**. Él sabe cómo tiene que decirlo para que la mejor de las alternativas sea hacerle caso... Es un gran comercial y por eso le ha ido tan bien en a lo largo de su carrera profesional —ahora es Director Comercial y de Marketing del Portfolio Premium de **Sol-meliá** en Europa— y en su vida: logró casarse con **Moni**.

La «sugerencia» de Jorge me animó a escribir esta reflexión sobre la amistad, que publiqué en el blog en julio de 2009.

> Hace años leí el ***Tratado de la Amistad,*** de **Cicerón**[38]. Y recuerdo que hablaba de tres grados. El **primer grado** de amistad es el que se establece con quien te conviene llevarte bien: un taxista, el vecino de plaza de garaje o tu jefe.
>
> El **segundo grado** de amistad es el que se tiene con alguien por el beneficio que obtienes de esa relación: el

amigo que te hace sentir bien, el amigo que te ayuda, el que te consuela o con el que te diviertes.

Y el **tercer grado** es el que se alcanza cuando se quiere a alguien con independencia del «beneficio» que se obtiene de esa amistad. Es un grado de amor puro y desinteresado, en el que no se espera nada a cambio, sino que se quiere a la otra persona por lo que es y tal como es, sin condiciones, y se le desea lo mejor, en el mejor de los sentidos.

No está documentado, pero apostaría un brazo por que los directivos que alcanzan el nivel 5 de liderazgo conceptualizado por Jim Collins (ver **capítulo #6**) tienen muchos y auténticos amigos, de los del tercer grado definido por Cicerón.

Ciertamente, resulta inusual encontrar este tercer grado de amistad. Es una conquista que puede llevar toda una vida. Y como toda conquista, requiere una colección de esfuerzos que dejan de serlo cuando se ha desarrollado suficiente musculatura. Y aquí te brindo algunas desordenadas sugerencias para desarrollarla con quienes desees alcanzar ese tercer grado:

- Pasa el máximo tiempo posible con tu amigo.
- Llámale sólo para saber cómo está. Sin más.
- Acuérdate de felicitarle en las ocasiones especiales (cumpleaños, aniversarios...).
- Ofrécele tu espalda para la mudanza.
- Felicítale en Navidad con tu puño y letra.
- Comparte con él aficiones o proyectos humanitarios.
- Comenta su «estado» en Facebook.
- Y hazle caso, si te pide que le menciones en el blog...

Desde la entrada de Facebook en escena, hay que precisar cuando se habla de amigos, ya que puede que muchos de los que aparecen en tu lista no sean más que personas que no quieren ofenderte pulsando el botón de «ignorar», como le oí recientemente a Seth Godin.

Hace ahora tres años desde que hice un Programa de Desarrollo Directivo (PDD) en **IESE Business School**. Ya te lo advierten antes de empezar, que lo mejor de pasar por una escuela de negocios son los amigos que haces.

Mi grupo fue algo especial. El primer día de clase, cuando el resto de los grupos se tantea tímidamente, nosotros nos fuimos a cenar a un **Benihana**[39] en Madrid, con la excusa de que ese día habíamos hecho un caso sobre la cadena japonesa de restaurantes. Así que nos bautizamos como el Grupo Benihana, compuesto por **Diego Marchese**, **José María Santiago**, **Isabel Fernández-Polo**, **Paco Sabín, Eva Hellín**, **Gonzalo Valseca**, **Nico Infer** y yo.

Nos vemos menos de lo que nos gustaría, pero de cuando en cuando organizamos una comida y utilizamos la tecnología para mantenernos en contacto. A quien más veo es a Gonzalo, con quien juego regularmente al tenis. Gonzalo es también conocido como «El jefe», porque le elegimos como representante del Grupo Benihana y porque, con su perfil bajo de medida intensidad, acabará siendo el Gran Jefe de **IBM**, donde trabaja actualmente como director de nadie sabe cuántas cosas, porque le van ascendiendo cada cuarto de hora. Con Gonzalo ten cuidado: aunque parezca un buenazo, como le dejes dos flancos abiertos, te hace una matriz de dos por dos que te deja temblando. Es un consultor de raza.

He hablado muchas veces con Gonzalo sobre la amistad. Y creo que suscribiría estas recomendaciones al respecto que en julio de 2009 hice a la recién graduada **VI promoción del Executive MBA del ISEM**, y que también valdrían para cualquier antiguo alumno de cualquier escuela de negocios:

- Has hecho buenos amigos. Cuida la relación con ellos. Al principio sale espontáneo reunirse a cenar o a comer.

Pasados los meses, requiere empeño. Pero hacerlo es delicioso, y dejar de hacerlo —lo habitual en la mayoría de los casos— sería como tirar por la ventana la mitad de lo que has construido este año. Facebook lo ha puesto ahora más fácil que nunca. No hay excusa.

- Da prioridad en tu agenda a todos los eventos para antiguos alumnos organizados por el ISEM. Será una manera fácil de reencontrarte con tu promoción, y una oportunidad única para conocer a alumnos de otras promociones. ¡Ojo!, no imaginas lo buena que fue la promoción anterior... y la anterior también... y la otra... Se me acaban de pasar por la memoria varias decenas de personas que no puedes dejar de conocer... Calculo que, a partir de 2014 (año en el que se graduará la X promoción), se va a disparar algo que ahora sucede moderadamente. Y es que antiguos alumnos del ISEM contraten o colaboren con otros antiguos alumnos. Es cuestión de tiempo que haya unos 500 «alumni» de ISEM liderando y gestionando empresas de moda en España y en todo el mundo.

¿Y tú, cuántos amigos de tercer grado tienes? Tal vez, este es un termómetro fiable de tu liderazgo, de tu capacidad para inspirar a otros y de tu habilidad para rodearte de una **red de profesionales inspiradores** con los que compartir ideas y proyectos de futuro.

En pocas palabras: ¿Cuántos amigos tienes de «tercer grado», según la clasificación de Cicerón?

Piénsalo mientras escuchas la **canción #12.**

#13. STING, CLAUDIA SCHIFFER Y EL PRÍNCIPE CARLOS

¿Qué tienen en común estos tres personajes? Dos cosas. La primera, **esta pequeña historia**:

Por un golpe de suerte, en 2006 fui invitado a un concierto privado de **Sting**[40] en el **Castillo de Windsor**[41] (Londres), organizado por **The Prince's Charities**, la fundación humanitaria del **príncipe Carlos**[42] de Inglaterra.

Nada más llegar al Castillo de Windsor, rodeados por una comitiva de coches de ensueño —de los que se iban bajando tacones y a continuación vestidos deslumbrantes—, un despliegue de mayordomos nos acompañó a un salón inmenso con vistas al atardecer en la campiña británica, donde tomamos champagne en unas copas tan estilizadas que yo dudé si debía apoyarla en el hombro o en el suelo...

Para no estorbar, decidí apartarme y me fui al fondo de la sala, donde —de repente— se abrieron unos portones gigantes y apareció el príncipe Carlos con un smoking especial —de puños y cuello rojos—, dispuesto a mostrarse encantador con cada uno de los 180 invitados. Cuando me saludó, me llamó la atención que tenía las manos regordetas y rojas, como si trabajase en el campo. Se lo susurré a quien estaba a mi lado y me puntualizó agudamente: «Más bien será de jugar al polo...». Por una extraña casualidad, en la foto que mi hicieron cuando saludé al príncipe, aparezco riendo con tal carcajada, que cualquiera diría que somos amigos de la infancia.

Más tarde, en otro salón contiguo, Sting actuó con su mujer, **Trudie Styler**, interpretando la atormentada relación que mantuvieron **Robert** y **Clara Schumman**, acompañados por dos pianos y varios instrumentos de cuerda, en un escenario iluminado con gigantescos candelabros. En mitad de la actuación, me giré y observé que en la fila de atrás estaba sentada **Claudia Schiffer**[43], lo cual me distrajo del delirio musical, y empecé a formular la estrategia para no tener que volver a Madrid diciendo a mis amigos que había visto a la Schiffer, pero no había hablado con ella...

Al terminar, le di la enhorabuena a Sting y aproveché para decirle que había leído su autobiografía, que me entusiasma su música y que a veces utilizo sus vídeos y canciones en mis clases y seminarios para explicar algunos conceptos. Y él me lo agradeció de veras. Me hubiese pasado toda la noche hablando con él, pero detrás de mi había dos señoras envueltas en joyas esperando para saludarle... Otra vez será.

En un nuevo y flamante salón nos sirvieron la cena, durante la que creo recordar que arreglamos tres o cuatro problemas mundiales a lo largo de una conversación centelleante. Claudia (con perdón por la familiaridad) había venido sola y le había tocado una mesa con señoras de —por decirlo elegantemente— otra generación. Al terminar la cena, observé que se marchaba —alta y distante como un iceberg— por la galería de armaduras que acababa en la salida. Era mi última oportunidad y me dirigí a ella, con el acento más británico que pude:

—Excuse me, Claudia. My name is Álvaro, I'm from Spain and I'd love to tell my friends that you gave me a couple of kisses. Will you?

Ella dudó un instante, me lanzó una mirada de «eres un caradura», pero finalmente me gané los dos besos. Entonces, concluí la conversación diciendo:

—All right, thank you, now I've got a story to tell.

Por supuesto, a mis amigos les conté que hasta bailé con ella. Y por supuesto, no me creyeron.

(...)

¿Y aparte de esta historia, qué otra cosa tienen en común Sting, Claudia Schiffer y el príncipe Carlos?: son **marcas personales**. Bueno, además de marcas personales son **estrellas**; el príncipe, debido a la sangre que corre por sus venas; y Sting y Claudia Schiffer, gracias a su talento y a su esfuerzo. Aunque, por fortuna, no hace falta ser una estrella para brillar, y esta es precisamente una cualidad crítica para desarrollar una marca personal: ser profesionalmente **brillante** en tu especialidad y utilizar las herramientas adecuadas para ser reconocido como tal en el mercado (ver **capítulo #16**).

En los últimos años se está produciendo una acelerada transición del modelo que ha operado durante las últimas décadas, en el que básicamente solo había empresas y empleados, hacia un modelo que mezcla a empresas y empleados con un nuevo perfil: los profesionales que tienen marca personal. Y este fenómeno crea notables **asimetrías entre los profesionales sin marca y los profesionales con marca**, a favor de estos últimos.

- **Asimetría de visibilidad:** mientras que el profesional sin marca está «enterrado» en una organización, el profesional con marca tiene un grado de exposición en el mercado que le presenta frecuentemente nuevas oportunidades de participar en proyectos, colaborar con empresas y ensanchar su red de contactos profesionales.

- **Asimetría económica:** mientras que el diseño de la jornada de trabajo —y a veces también las restricciones contractuales de exclusividad— de un profesional sin marca le dificultan o imposibilitan compatibilizar su trabajo con otros, el profesional con marca puede organizarse para prestar sus servicios a varias empresas, incrementando así sus fuentes de ingresos y, con toda seguridad, su nivel de remuneración.
- **Asimetría de experiencia**: mientras que el profesional sin marca acumula años en la misma empresa, asumiendo responsabilidades más o menos parecidas, esperando a que se abran huecos en el organigrama para ascender, el profesional con marca tiene la posibilidad de ir asumiendo nuevos retos con nuevas empresas a un ritmo muy superior, ganando así en experiencia y, además, mejorando su currículum.
- **Asimetría de perspectiva**: mientras que el profesional sin marca puede acabar teniendo una visión estrecha de su negocio, a base de acumular años haciendo lo mismo, de la misma manera y rodeado de las mismas personas, el profesional con marca tiene la oportunidad de incrementar su perspectiva y su visión estratégica, a base de colaborar con distintos profesionales, de distintas empresas y de diversos sectores.
- **Asimetría de flexibilidad**: mientras que el profesional sin marca está sometido al normalmente rígido horario y calendario de trabajo que establece su empresa, el profesional con marca puede organizar las cargas de trabajo de sus distintos clientes, adaptándolas con más flexibilidad a las necesidades de su vida personal.
- **Asimetría de tiempo**: mientras que el profesional sin marca normalmente tiene que desplazarse diariamente a un centro de trabajo, y perder un frustrante tiempo en el

trayecto, el profesional con marca puede organizarse para trabajar desde casa los días y las horas que no es necesaria su presencia ante los clientes, sin tener que dar cuentas a nadie, ni despertar recelo entre sus colegas, ni sentir que lo que le aprieta en el cuello no es la corbata, sino la desconfianza de su jefe, por haberse tomado una tarde para trabajar desde casa.

- **Asimetría de independencia**: el miedo al despido suele bloquear a los profesionales sin marca y con facilidad les conduce a la retranca, una actitud que consiste en no exponer y defender sus criterios profesionales para evitar llevar la contraria a su jefe, en especial si este no es particularmente flexible. Por el contrario, la no dependencia exclusiva de esa fuente de ingresos, otorga al profesional con marca una independencia que le impulsa a exponer y defender con fuerza sus criterios profesionales, con el único objetivo de que el trabajo salga bien. Y ese criterio independiente suele ser mejor aceptado hasta por el jefe más inflexible.
- De acuerdo. No todas las asimetrías se inclinan del lado del profesional con marca. La **asimetría de seguridad** resulta más cómoda para un asalariado que para un profesional con marca, quien debe pelear constantemente por mantener la calidad de sus servicios y lograr nuevos clientes que reemplacen a aquellos con los que un proyecto se ha terminado o un ciclo se ha cerrado. Solo que esa pelea le obliga a seguir creciendo profesionalmente.

En realidad, existe **la posibilidad de una fórmula mixta**. Consiste en cultivar tu propia marca personal mientras trabajas como asalariado para una empresa. No es fácil, pero tampoco es imposible. Requiere flexibilidad por parte de tu empresa para poder tomarte días libres con el fin de participar en eventos, dar conferencias o reunirte para un proyecto en el que estás embarcado. Y también requiere desarrollar una valiosa y abundante actividad fuera del paraguas que representa el logotipo de tu empresa y el cargo que aparece en tu tarjeta de visita. Quedarse en el paro es la prueba de fuego para medir cuánto pesaba la marca de tu empresa frente a la tuya, cuando tratas de contactar a empresas o profesionales que antes te recibían con los brazos abiertos, y luego quizá no te encuentran un sitio en sus ocupadas agendas... No sé si me explico.

Es posible que la consideración de estas asimetrías —que se presentan en grados diversos según las circunstancias de cada cual— te estimulen a cultivar tu marca personal y a diseñar tu propio modelo de negocio, en el que trabajas para distintas empresas y tienes distintas fuentes de ingresos.

En pocas palabras: ¿Eres un profesional con marca o sin marca? ¿Cómo te gustaría que fuese tu marca en cinco años?

Piénsalo mientras escuchas la **canción #13.**

#14. TU MODELO DE NEGOCIO

Creo que no hay sesión, clase o conferencia en los últimos años en la que no haya utilizado esta diapositiva, para explicar los elementos básicos de un **modelo de negocio**:

La **propuesta de valor** (**PV**) es aquello que vendes: un producto o un servicio. Bajo la palabra **clientes** (**C**) se incluye el marketing, la segmentación y la gestión de clientes en su sentido más amplio. La **distribución** (**D**) representa los canales que utilizas para hacer llegar la propuesta de valor a tus clientes. Y la **cadena de valor** (**CV**) se refiere a cómo te organizas tanto internamente (diseño de la organización) como externamente (relación con proveedores) para que todo el modelo funcione.

El **precio medio** de un modelo de negocio depende del valor que se crea en el mercado y a qué segmentos de clientes se le ofrece. Y el **coste medio** depende de la gestión de canales de distribución y del diseño de la cadena de valor. Por expresarlo de una manera muy simple, cuanto mayor sea el precio que te compre el mercado y menor sea el coste de ofrecer tu propuesta de valor, más rentable será tu modelo de negocio.

El empleado medio de una empresa media es un asalariado con una única fuente de ingresos: su nómina a fin de mes. Es un modelo de negocio basado en —como apunta el dicho popular— «poner todos los huevos en la misma cesta»: si se te cae y se rompen los huevos, solo queda recurrir al subsidio de desempleo. En cambio, un profesional independiente con marca puede diseñar un modelo de ingresos más variado y menos arriesgado. Veámoslo con un ejemplo:

- **Profesional asalariado sin marca**. Un ingeniero especialista en *workflows* de procesos dedica el 100 % de su tiempo laboral a trabajar para una empresa y gana **60.000 €**. Si se cae la cesta, al paro. Y, por otra parte, puede que debido al ineficiente diseño de su puesto de trabajo acabe dedicando el 80 % de su jornada a tareas en las que no aporta un valor a la altura de su capacitación y de su experiencia.

  En este **modelo de negocio**, la propuesta es ser empleado (**PV**), para un solo cliente (**C**), perdiendo visibilidad en el mercado (**D**), y trabajando *full-time* en sus oficinas (**CV**).

- **Profesional independiente con marca.** El mismo ingeniero de sistemas podría trabajar para cuatro empresas, dedicando a cada una de ellas un 20 % de su tiempo, ofreciéndoles un servicio sofisticado y de alto valor añadido, y por el que sus clientes estarían dispuestos a pagar 40.000 € cada uno. Del 20 % de tiempo restante, dedicaría el 10 % a estudiar —a través de distintas fórmulas— para mejorar su capacitación, y el otro 10 % a dar seminarios o conferencias con los que podría ganar otros 20.000 €. En total, sus ingresos serían **180.000 €**. Si se cae una cesta, no hay ningún problema, hay tiempo y mucha más facilidad para buscar otra que la reemplace, debido a las asimetrías de visibilidad (ver **capítulo #13**).

  En este **modelo de negocio**, la propuesta es ser un profesional independiente con marca personal (**PV**), trabajar para varios clientes (**C**), ganando cada vez más visibilidad en el mercado (**D**), y organizando con autonomía su agenda de trabajo (**CV**).

Si no fuera porque estas cifras (y otras mucho más altas) son una realidad en un buen número de personas que ya han optado por el modelo de profesional con marca, parecería una exageración o una simple teoría. Desde luego, este modelo no es válido para todo el mundo, ni para todos los puestos, pero hay múltiples fórmulas intermedias y aún estamos muy lejos de que esta opción haya madurado tanto en el mercado como para que ya no sea una gran oportunidad para miles de profesionales que se decidan a dar el salto. Un salto que integre inteligentemente lo que te apasiona hacer, con aquello en lo que destacas y con un modelo de ingresos adecuado.

Si tu cabeza se ha puesto en modo «no, esto no es fácil, o no funcionaría en mi empresa, o en este sector o...», puedes elegir entre dos opciones: ser espectador, y en cinco años hablamos, o protagonista, y hablamos el año que viene.

Así que, si te van los retos y tienes vocación de **profesional independiente con marca personal,** adelante, deja tu empresa y pídele que contrate tus servicios.

Cada vez me parece menos atrevido afirmar que la mayoría de los equipos directivos no funciona bien. En esta ensalada hay una variopinta combinación de ingredientes, pero la lechuga y el tomate son la **falta de coordinación lateral** entre los departamentos (originada en muchos casos por la falta de sintonía entre los propios directores) y el **aburguesamiento,** expresado en un decadente conformismo, detrás del que puede haber una falta de reto y, a veces, también de talento.

Curiosamente, estos dos grandes problemas que lastran a las organizaciones, la falta de coordinación y el aburguesamiento directivo, raramente se presentan en el modelo en el que un profesional con marca presta sus servicios a una empresa por un número de meses o de años determinado, y sin formar parte de la plantilla. Ya que la independencia le facilita no involucrarse en batallas internas, enfocando así su energía en sintonizar con todo el equipo para que el trabajo salga adelante.

Dicho de otra manera, a las empresas les conviene abrir la puerta a sus dinosaurios anquilosados (tengan 65 años o 25) y aprovechar este gesto para que entre aire fresco con fórmulas más flexibles, como los «directivos de alquiler», que reten con su profesionalidad al resto de los directores y les inspiren a trabajar con estándares más altos.

En pocas palabras: ¿Estás satisfecho con tu modelo de negocio? ¿En qué podría mejorar? ¿Qué cambios tendrías que hacer? ¿Qué fuentes de ingresos podrías añadir?

Piénsalo mientras escuchas la **canción #14.**

#15. DIRECTIVOS DE ALQUILER

En enero de 2009 publiqué el siguiente artículo en el diario **Expansión**, que titularon **«Nuevos directivos para nuevas empresas»** (en la versión que les envié yo lo había titulado: «**Van a hacer falta nuevos CEO's**»).

> Hace diez años, el profesor de Harvard Business School **Clayton Christensen** dijo que «seguir las tradicionales recomendaciones del Management podría bloquear la capacidad de las empresas para responder a los cambios en el mercado». Y no hay que volver a preguntarle para saber qué opina hoy, porque él mismo se reafirma en el prólogo del libro ***The Innovator's Guide To Growth***, un manual extraordinario para entender el batacazo que se van a dar muchas empresas en 2009, y por qué otras tendrán éxito.
>
> Paradójicamente, la mayor amenaza de la innovación es el éxito, que se manifiesta de dos formas: complacencia y dogma. La complacencia de pensar que lo que te hizo

exitoso en el pasado —eso mismo— te hará exitoso en el futuro. Y el dogma materializado en una colección de reglas e inercias que ciegan a una organización para darse cuenta de que el mercado está cambiando, y les incapacita para reaccionar a tiempo. Dado el actual panorama, la perspectiva para muchas empresas puede ser morir con sus propios clientes.

No hay día en que no lleguen reacciones a la crisis basadas en la reducción de costes: «nos han quitado los móviles de empresa», «tenemos que imprimir por las dos caras», «nos han pedido un recorte de gastos del treinta por ciento»...

Reducir costes ahora es más un ejercicio de supervivencia que una estrategia para abordar la crisis con esperanza de éxito. Ya que esta medida, aislada de un plan estratégico de transformación de la empresa para los próximos años, se convierte en una serie de apresurados machetazos —a veces sin un criterio razonable— que corta gastos y cabezas a la vez, y aboca a los supervivientes a pasar las horas de trabajo dando partes de guerra en Facebook, mientras las balas les silban en los oídos…

Cuatro retos:

La crisis presenta una oportunidad única para transformar la empresa —pasando a la organización por el dietista y el gimnasio— y afrontar cuatro factores clave de los que dependerá la competitividad en los próximos años:

En primer lugar, hay que rediseñar el organigrama y los puestos de trabajo. ¡Cuánto tiempo se pierde y cuánto talento se desperdicia por una pobre definición de las tareas de cada empleado! Empezando por el propio equipo directivo, al que largas reuniones mal diseñadas y pilas de e-mails con copia apenas les dejan tiempo para realizar su tarea más importante, dirigir personas.

La crisis también tiende un puente de plata para revisar la organización interna, detectar las áreas grises, romper la lógica de los departamentos estancos y crear proyectos de mejora o de innovación que impulsen la coordinación lateral entre áreas que naturalmente tienden a aislarse en su propio funcionamiento, ralentizando la velocidad de crucero de toda la organización.

En tercer lugar, es la ocasión para declarar la guerra a la ineficiencia, amparada muchas veces en procesos mal diseñados, o que se han quedado obsoletos, o que responden a una histórica improvisación cristalizada en rutina. La tarea de mejorar los procesos no resulta fácil, porque requiere hacerse un hueco en la agenda del equipo directivo —normalmente desbordado por el día a día— y precisa de una mirada fresca y externa que ayude a ordenar la casa, hurgando en viejas heridas de la organización, que a veces tienen nombre y apellidos, y grandes despachos con luz natural...

Por último, es un extraordinario momento para replantearse el modelo de oficina y la conveniencia de forzar a todos los empleados a desplazarse todos los días para pasar todas las horas laborables en una oficina diseñada con un esquema de presencia y control característico de las fábricas en la revolución industrial. Las empresas que se tomen en serio este reto lograrán a medio plazo una ventaja competitiva memorable en retención de talento y en ahorro de costes. Parecida a la ventaja que alcanzaron las primeras empresas que supieron utilizar internet inteligentemente.

Probablemente, la crisis se va a convertir en una oportunidad para nuevos CEO'S, a los que tocará rediseñar la organización, sacar cadáveres de los armarios y poner en forma el modelo de negocio de empresas que la bonanza ha dejado fofas.

Entre los e-mails que recibí al día siguiente, hubo uno de una empresa que se dedica al *outsourcing* de directivos, es decir, a ofrecer directivos especialistas en determinadas áreas a empresas que los necesitan puntualmente.

> Estimado Álvaro, no nos conocemos personalmente pero te escribo pues he leído tu artículo «Nuevos directivos para nuevas empresas» y realmente coincido plenamente en tu análisis. De hecho, la empresa que dirijo en España, filial del grupo **EIM**[44], con más de 20 años de existencia y fundada por Egon Zehnder y Boerr&Croon, ofrece precisamente esos directivos de los que hablas en tu artículo, que saben rediseñar el organigrama, impulsar proyectos de mejora e innovación, declarar la guerra a la ineficiencia, cambiar formas de trabajar... **Alfonso de Benito Secades**

¡Guau, qué buena idea!, me dije.

En las últimas semanas, he estado reflexionando al respecto, y tengo la intuición de que esta tímida tendencia a contratar «directivos de alquiler» va a despegar con una potencia arrolladora en los próximos años, pero en muchos casos sin la intermediación de empresas, a través de la creciente red de profesionales con marca personal, que tendrá visibilidad y será contratable a través de internet (ver **capítulo #16**).

¿Te gustaría contar con el 10 % del Director de Expansión de **Wall*Mart** para liderar la internacionalización de una cadena de restaurantes en Europa? ¿O con el 15 % del director de Tecnología de **British Telecom** para fabricar un innovador vehículo urbano? ¿O con el 5 % del Director de Compras de **Zara** para diseñar una nueva cadena de hoteles? ¿O con el 20 % del Director de Operaciones de **BMW** para reorganizar los servicios del ayuntamiento de una gran ciudad? ¿O con el 15 % de un especialista en Comportamiento Organizacional de **IESE Business School** para dirigir el departamento de Recursos Humanos de una empresa?

¿O con el 10 % de un ingeniero de **Google** para lanzar la venta *online* de una cadena de muebles?

¿Te imaginas una red *online* de profesionales *high-end* en la que puedas saber en qué proyectos están trabajando y cuándo tendrán disponibilidad —y cuánta— para colaborar en otros proyectos? Creo que no tardará en llegar, si es que no hay alguien que ya está manos a la obra...

Las combinaciones son infinitas y aplicables tanto en empresas grandes como en pymes, en puestos directivos o en otras responsabilidades dentro de la organización. Desde luego, habrá que derribar algunos muros para que esto sea posible, empezando por el rediseño del puesto de trabajo de los directivos, pasando por la revisión de los contratos en términos de dedicación y exclusividad, y siguiendo por cambiar la cultura de que el que más sabe es el que más tiempo lleva en la empresa y por eso dirige el departamento, y con frecuencia se rodea de «segundones» que no puedan arrebatarle el puesto. En cualquier caso, muros más altos han caído...

Un buen director no tiene porqué ser el que más sabe. Dirigir es un arte que va más allá del mero conocimiento técnico. De hecho, algunas empresas tienen la audacia de rotar a sus directivos por distintas funciones, lo cual tiene el efecto colateral de crear más coordinación entre departamentos, porque ya nadie se siente dueño de su «chiringuito». Por ejemplo, en la empresa brasileña **Semco**, se incentiva a los empleados a que roten por distintos departamentos con el fin de que exploren sus propios intereses, diseñen las tareas de su puesto y se entusiasmen con su trabajo.

Leí hace unas semanas en el ***New York Times Magazine***[45] un reportaje sobre una amiga y asesora de **Obama**. Se llama **Valerie Jarrett** y junto a **Michelle Obama** son las dos únicas personas a las que el presidente nunca dice que no, según otros miembros de su equipo. Me llamó la atención que no ha querido dar un toque personal a su despacho en la Casa Blanca. Sabe que está de paso, incluso trabajando de la mano del político más influyente del mundo.

A veces convendrá contratar a directivos especializados en hacer «travesías del desierto» —en otras palabras, en gestionar modelos de negocio en declive estructural— o a directivos con experiencia en transformar organizaciones, o en diversificar, o en diseñar nuevos modelos de negocio, o en integrar equipos tras fusiones y adquisiciones, o en trabajar con equipos multiculturales, o en gestionar conflictos en empresas familiares. Pero no con un contrato eterno, sino para un periodo acotado, como directivos de alquiler.

Y habrá que aprender a coordinarse con directivos internos y externos, *full-time* y *part-time*, que trabajen en las oficinas o desde cualquier otro sitio, que hablen tu idioma o no, que trabajen en tu franja horaria o en otra, que lleven una década en la empresa o solo estén un año, para un proyecto determinado.

Sería insensato vaticinar que este fenómeno sustituirá por completo al monolítico esquema actual de los comités de dirección (al que entra, ya no hay quien le saque...), pero estoy convencido de que lo complementará de una manera muy enriquecedora, porque traerá energía y perspectiva nueva a los equipos directivos, y ayudará a romper con la lógica de los departamentos estancos, tan útil para mantener barcos a flote como capaz de hacer naufragar a las empresas, paradójicamente.

En pocas palabras: Seas el director general o no, ¿estás satisfecho con el equipo directivo de tu empresa? ¿Y qué harías para mejorarlo?

Piénsalo mientras escuchas la **canción #15.**

#16. USO PROFESIONAL DE LAS REDES SOCIALES

Antonio González-Barros me envió ayer este **vídeo**[46] sobre la revolución de las redes sociales. Y Harvard Business Publishing publica hoy este **artículo**[47] sobre los cinco desafíos que las redes sociales presentan a las empresas. Ambas referencias son muy interesantes.

Si dedicas un rato a buscar en Google sobre el impacto de las redes sociales en las empresas probablemente acabarás emborrachándote de enlaces con información al respecto: algunos muy valiosos y otros menos relevantes, algunos originales y otros refritos.

Y la pregunta que te lanzo es, ¿y tú qué estas haciendo con toda esa información? Si la respuesta es «publicarla en mi blog o referirla en Facebook o en Twitter», en mi opinión, no estás haciendo nada. Nada, en términos de aprovecharla para rediseñar e impulsar tu trayectoria profesional.

Si tal es el caso, aquí van mis sugerencias para usar las redes sociales como palancas de una visibilidad en el mercado que antes estaba al alcance de muy pocos (autores de *best-sellers* como **Stephen Covey**, personajes televisivos como **Carlos Arguiñano**, etcétera).

- No hace falta que estés en todas las redes (**Facebook**, **Myspace**, **A Small World**, **Plaxo**, **Linked-In**, **Twitter**...). Si no eres un especialista en redes profesionales y sociales, probar todos los nuevos «juguetes» es una descomunal pérdida de tiempo. Es preferible que identifiques a un experto que te ayude a seleccionar con criterio las que más te convienen a ti, según tu actividad profesional y según tu manera de ser. No hay fórmulas perfectas ni soluciones únicas.
- Empieza un **blog** o un **weblog** en el que expongas quién eres profesionalmente y para qué y cómo se te puede contratar. Y publica entradas relacionadas con tu actividad con un objetivo muy claro: que sirvan para dar seguridad a un posible cliente de que eres un profesional válido con quien colaborar en aquello a lo que te dedicas.
- No necesitas un millón de fans o seguidores. Te basta con tu «tribu» de unas mil personas, tal como explica Seth Godin, autor de ***Tribes***, en este **vídeo**[48].
- Tener muchos amigos en tu lista de Facebook o Twitter, por ejemplo, es irrelevante si no tienes una relación real con ellos. Asumiendo que la palabra amigo, en este contexto, abarca desde el amigo que consideras como un hermano, hasta el desconocido que ha llegado a tu lista porque tenéis amigos comunes y al que no eliminas mientras su presencia no te resulte molesta ni intrusiva.
- No tomes la iniciativa de agregar a personas a tu lista si no les conoces o sin presentarte. De esa manera, te aseguras de que la gente te agrega a su lista y te sigue los pasos porque les interesa lo que dices o haces y realmente quiere estar en contacto contigo, y no porque les resulta incómodo rechazar tu invitación.
- Mi recomendación final a la hora de gestionar tu lista de amigos es un poco más drástica (yo la llevé a cabo hace

meses y estoy satisfecho): repasa tu lista y elimina a aquellas personas que no conoces de nada y entraron en un momento de confusión inicial. Y a partir de ahora, cuida mucho la calidad de las personas que hay en tu lista. Así tendrás la seguridad de que solo te escuchan los que quieren escucharte.

- En las redes sociales no hay balas de fogueo. Es un «juego» con munición real. Por lo tanto, procura ser muy consistente en todo lo que digas y hagas, especialmente si estas utilizando las redes sociales como plataforma profesional. Como criterio general, procura no hablar demasiado y que lo que digas sea relevante. Si no, corres el peligro de que tu voz se asocie con la amalgama de irrelevancia incontenida que circula por la red.
- Prepárate para la transparencia total. Hace tiempo, mi amigo **Gustavo Entrala**, fundador y director general de la agencia **101**[49], me dijo que, con las redes sociales, «más vale que nos acostumbremos a la transparencia total». Estoy de acuerdo: la capacidad de acceder a información en internet sobre otras personas es cada día más potente. Si esta tendencia progresa, más vale que no tengas una doble vida... En mi opinión, se vive más tranquilo con una sola y con transparencia total.
- Seguramente habrá efecto péndulo y se producirá un rechazo de algunas redes sociales, debido a los excesos en el uso. En mi opinión, Twitter —un juguete peligroso en las manos de gente compulsiva— tiene todas las papeletas...
- Crea tu **Google Profile**. Es una herramienta muy útil para asegurarte de que se te encuentre fácilmente en internet, ya que aglutina en una sola página toda tu presencia online. Poco a poco, Google está haciendo que, cuando se busca el nombre de alguien, si tiene abierto el Google Profile, sitúa este enlace entre los primeros resultados. Por si te sirve de referencia, el mío es: http://www.google.com/profiles/alvaro.gonzalezalorda

Todas estas tecnologías, inteligentemente utilizadas, son una caja de herramientas imprescindible para los profesionales que han optado por ser una marca personal. Y sirven no solo para darse a conocer en el mercado, sino también para seleccionar los clientes con los que quieres trabajar o las personas con los que te gustaría colaborar, formando una red de profesionales independientes.

Esto no ha hecho más que empezar, y va a seguir evolucionando y sorprendiéndonos en los próximos años. No te duermas, hay que seguir aprendiendo. Y para eso tienes que participar en la conversación. No como los CEO's de las 100 mejores empresas del mundo (**Fortune 100**), según este **estudio**[50] que un amigo refirió recientemente en su muro de Facebook.

En pocas palabras: Tu uso de las redes sociales, ¿te está abriendo oportunidades profesionales o tal vez está cerrándotelas...?

Piénsalo mientras escuchas la **canción #16.**

#17. PARTICIPA EN LA CONVERSACIÓN

Si piensas que tienes buena letra, tendrías que ver los apuntes con los que estudié la carrera, manuscritos por **Isabel García Imhof**. Ni pasando los tuyos a limpio lograbas acercarte a los elegantes y firmes trazos que Isabel tomaba en clase, con la información perfectamente estructurada. Un día se enfadó conmigo —y con razón— cuando fui en el descanso de clase a recoger los apuntes que ella acababa de tomar, mientras yo lo que había tomado era el sol en el espléndido campus de la Universidad de Navarra, y quizá algún pincho de tortilla...

Escribir bien es mucho más que tener buena letra, pero la disciplina de trazar bien cada palabra ayuda a mejorar la capacidad de comunicación escrita. «Escribe siempre bien, sin faltas de ortografía, sin abreviaturas improvisadas y con buena letra, aunque sea en un *post-it*», me recomendaron hace años. Y yo retomo este consejo, actualizándolo con una nueva coletilla final, «aunque que sea un SMS o un *twitt* o tu estado en Facebook».

Tener talento para la comunicación escrita no es un asunto menor. Salvo que seas un fenómeno de las matemáticas

—de esos cuya tesis consiste en una fórmula genial que cabe en un folio—, lo normal será que en tu vida profesional tengas que elaborar mucha información escrita. Y que, dependiendo de tu destreza, se te abran o se te cierren puertas. Se abrirán si eres brillante, y se cerrarán si cometes errores con frecuencia. Si te encuentras en el medio, y no haces nada especial, probablemente puedas permanecer sin sobresaltos en una cómoda mediocridad. En la era del teléfono, la capacidad de comunicación escrita no era tan relevante, pero en la era de internet (e-mail, herramientas de *workflow*, blogs, redes profesionales y sociales...) resulta crucial.

Oí contar recientemente al doctor **José Masdeu**, que ha trabajado treinta años en algunas de las mejores instituciones médicas de Estados Unidos, una política que expresa la mentalidad práctica de la cultura anglosajona: en las grandes instituciones médicas, los doctores dan clase, los investigadores atienden a pacientes y los profesores investigan; y cualquier otra posible combinación. En su opinión, esta fórmula resulta más enriquecedora que la de muchos países europeos, en los que se compartimentan y delimitan los tres perfiles —investigador, profesor y médico— con arcaicas restricciones.

En este sentido, también me parece desfasado e ineficiente disfrazar la intelectualidad con un lenguaje pedante, aburrido y recargado de citas ampulosas. Y que se escriban libros densos y con arduas notas a pie de página, que al final, resultan difíciles de leer, no por lo elevado de su contenido, sino por su incapacidad para exponer de modo interesante lo que resulta importante, en cualquier especialidad. **La hondura intelectual no tiene porqué ser aburrida, de la misma manera que la frescura comunicativa no implica superficialidad.**

En el tablón de anuncios del club de remo de la Universidad de Harvard encontré un agudo mensaje para reclutar remeros que decía: «Build up your shoulders, to hold those brains that you have». Adaptándola al tema de este capítulo, podría quedar así: «Si quieres que tus brillantes ideas lleguen lejos, aprende a comunicarlas».

Algunas sugerencias para **mejorar tu capacidad de escribir**:

- Lee buena literatura. Lo siento, **Grisham**, **Follet** y compañía —que publican exitosos tebeos para mayores— no cualifican para este estándar.
- Insisto: escribe siempre bien, sin faltas de ortografía, sin improvisadas abreviaturas, empleando correctamente los signos de puntuación, en cualquier formato, aunque que sea un SMS o un *twitt* o tu estado en Facebook.
- Pide a alguien que domine el lenguaje escrito que te corrija textos y te dé *feedback*, explicándote por qué ha realizado determinados cambios de estilo. Así lo hicieron conmigo, durante los años universitarios, **Miguel Angel Jimeno** y **Javier Marrodán**. Ambos corregían con un rotulador mis folios, y cuando me los entregaban, aquello parecía una sangrienta masacre de pequeñas anotaciones. (Espero que cuando lean este libro, concluyan que valió la pena ese esfuerzo).

Con un lenguaje pulido y brillante, resulta más fácil sacar la cabeza en el oleaje de las redes sociales, inundadas de irrelevancia y de textos ilegibles que revelan la incapacidad comunicativa de sus autores, y con frecuencia, su pobreza intelectual.

No obstante, para participar en la conversación, no basta con manejarse bien en formatos escritos. El consumo de internet se está inclinando a una velocidad asombrosa hacia el contenido audiovisual. Por dar un simple dato que muestra esta tendencia, cada día se ven 100 millones de vídeos en YouTube, según la recopilación de **Adam Singer** en su blog, **The Future Buzz**[51]. Para entender la colosal dimensión de esta cifra, resulta útil compararla con el número de búsquedas diarias que se realizan en Google: 2.000 millones. Así que, dado el creciente interés por el contenido audiovisual, no nos queda más remedio que aprender a hablar en público o delante de una cámara, a la hora de gestionar nuestra presencia *online*.

Y también nuestra presencia *offline*. Aprendí hace años de **José Ignacio Bescós**, un pionero de la información bursátil en internet, el concepto de la **«versión del ascensor»** (también conocida como *the elevator pitch*). Fue mi director en eresMas y, entre muchas otras cosas, nos enseñó el truco de saber contar en un formato breve y atractivo el proyecto en el que estábamos trabajando, con el fin de captar la atención del director general durante un eventual encuentro en el ascensor de la empresa.

—Buenos días.
—Buenos días. ¿Que tal?
—Precisamente, quería contarte que... (y aquí es donde te la jugabas con la «versión del ascensor», durante unos 30 segundos, intentando atraer su atención a tu proyecto).

En pocas palabras: ¿Cómo se te da la comunicación en formatos escritos? ¿Qué podrías hacer para mejorar?

Piénsalo mientras escuchas la **canción #17.**

#18. OCHO HORAS GENIALES

En los últimos años he participado como ponente en algunos actos y eventos organizados por instituciones políticas. Con cierta frecuencia, desde la mesa presidencial (un concepto obsoleto que habría que actualizar), se observa en los rostros de la audiencia un aburrimiento incontenido (expresado en una discreta consulta del móvil) y una inmediata «desconexión cerebral» en cuanto el político de turno encadena dos frases huecas de contenido, con ese tono característico de las comparecencias parlamentarias... Hace falta una nueva generación que traiga otro aire a este oficio y un nuevo estilo de comunicación.

La capacidad de comunicación está íntimamente conectada con el liderazgo. Por eso, tal vez te resulten útiles las siguientes recomendaciones para **mejorar tu capacidad de hablar en público y de hacer presentaciones**:

- Aprovecha cualquier oportunidad que tengas para hablar en público y prepara tu intervención con exquisita profesionalidad. Deja la improvisación para cuando hayas hablado 5.000 horas en público... La preparación es una manifestación tan visible de respeto a la audiencia que la predispondrá a tu favor y atenuará los posibles errores durante la intervención. El libro ***The Exceptional Presenter***[52] ofrece claves valiosas al respecto.

- No intentes agradar a la audiencia, más bien procura servirla. Así, transferirás el protagonismo a los que escuchan, quitándote de encima ese peso, que es precisamente el que te pone nervioso. Para lograrlo, resulta de ayuda mirarles a los ojos, con cariño —o al menos con un gran respeto—, y con el deseo de prestarles un servicio.
- Cuenta historias para apoyar tu mensaje. El ser humano se ha transmitido el conocimiento a lo largo de la historia contando historias de noche junto al fuego. Y en consecuencia, está particularmente dotado para interesarse y memorizar narraciones con planteamiento, nudo y desenlace, como las películas de **John Ford**. Y como el relato autobiográfico ***I walked the Earth***[53] que **John Francis** hizo en TED en 2008.
- Los grandes *speakers* usan metáforas. Los relatos de la Biblia o las parábolas de **Jesucristo** recogidas en los Evangelios presentan ejemplos extraordinarios. El mecanismo de las metáforas facilita que el contenido del mensaje ancle con más fuerza en el entramado neuronal de nuestros cerebros. El uso de las metáforas visuales en las presentaciones favorece particularmente este proceso, y gracias al buscador de imágenes de Google, esta tarea resulta cada vez más fácil. Me resultó especialmente brillante el uso de la magia como metáfora que hizo **Andy Cohen** en el **World Innovation Forum**[54].
- Los nervios son normales, y hasta buenos. Pero desaparecen instantáneamente cuando dejamos de pensar en nosotros mismos, en cómo lo vamos a hacer o en qué tal vamos a quedar. En este sentido, me parece inteligente la estrategia que utilizó **Sting** en un **concierto**[55] en Van-

couver para hacer olvidar los nervios a **Ross Viner**, un joven del público que se atrevió a subir al escenario para acompañarle cantando una canción.

- La mayoría de las presentaciones en Power Point que he visto en mi vida —en escuelas de negocio o en congresos o en eventos empresariales— no lograrían un 5 sobre 10. Son «presentaciones karaoke» en las que el ponente lee lo que está escrito en la pantalla; lo cual resulta desde moderadamente tolerable hasta absolutamente insoportable, siguiendo una pauta proporcional a la cantidad de texto escrito en las diapositivas. Hay algunos libros que tratan sobre cómo hacer buenas presentaciones. Si quieres salir del modelo «karaoke» y aprender a hacer presentaciones aceptables, te recomiendo **Presentation Zen**[56]. Para puntuar más alto necesitas tener una cultura visual muy bien educada y un manejo muy avanzado del Power Point, o del Keynote, si trabajas con Apple. Si no es el caso, no pierdas el tiempo intentándolo, ya que probablemente le estarás robando tiempo a tareas en las que sí que aportas valor. Es preferible que se la encargues a alguien que sepa hacer presentaciones extraordinarias.
- Cada uno tiene su propio estilo y tú tienes que encontrar el tuyo, pero evitando que sea tan estridente que no deje escuchar tu mensaje. En la película ***Confidence***, el actor **Dustin Hofman** interpreta a un mafioso y cuenta con mucha gracia cómo «el estilo puede acabar contigo», refiriéndose a un ladrón profesional que no renunciaba a su impecable traje de lino blanco ni cuando realizaba atracos. Al parecer, en una ocasión algo salió mal y toda la banda logró huir, menos «el tipo del traje blanco», a quien la policía identificó fácilmente en la estampida...
- Analiza y aprende de grandes *speakers*, pero no imites a nadie. Procura ser natural —no «tu mejor tú mismo»— ya que los gestos y los modos impostados acaban generando rechazo en la audiencia. La autenticidad es una

virtud crítica cuando se trata de comunicación entre personas. **Henry Menzies**, un arquitecto amigo de 81 años que vive en Nueva York, me contó recientemente cómo le impresionó la mirada de una persona muy especial que conoció el pasado verano: «You could see the eternity through his eyes». El comentario me impactó, y me hizo pensar que la mirada no engaña. Y que, por tanto, no es posible inspirar con la conciencia intranquila.

Al tiempo que desarrollas tu capacidad de hablar en público y de hacer presentaciones, te recomiendo que prepares **ocho horas geniales sobre tu especialidad**. La idea es que puedas impartir ese conocimiento en formato seminario de un día o en una versión sintetizada de una hora. Hay una demanda creciente de profesionales que sean capaces de transmitir conocimiento en distintos contextos: clases en universidades y escuelas de negocios, sesiones en congresos, seminarios para empresas y conferencias. Si logras ser brillante, esta puede ser una fenomenal fuente de ingresos y una llave para ensanchar tu red de contactos profesionales, ganar visibilidad en el mercado y acceder a nuevos proyectos.

En pocas palabras: ¿Tienes ocho horas geniales sobre tu especialidad profesional? ¿Y cuándo tienes pensado prepararlas?

Piénsalo mientras escuchas la **canción #18.**

#19. LA PRESENCIALIDAD Y LA IRRELEVANCIA

Hace meses me apunté a un programa de cuatro días en una de las principales escuelas de negocio norteamericanas. El tema estaba relacionado con la innovación y el precio rondaba los 5.000 dólares. En realidad, el objetivo último de esta inversión era analizar qué aportaba exactamente la presencialidad en un programa cuyo contenido está recogido y ampliado en el último libro publicado por el profesor que impartía las sesiones, y cuyo precio es de 30 dólares. O dicho de otra manera, qué aporta la presencialidad en la formación directiva, en este caso, impartida por una escuela de negocios de primer nivel. Algunas posibles respuestas:

- **El *networking*.** Efectivamente, este es un factor que tiene mucho peso en los procesos de venta de programas en escuelas de negocio. Y de hecho es una realidad patente, siempre y cuando el alumno se proponga desarrollarlo. No obstante, la avalancha de desintermediación también está llegando a las escuelas de negocio, ya que empieza a haber herramientas de *networking* suficientemente válidas, como las redes profesionales Linked-in o Plaxo. Así que, en conclusión, el *networking* ya no es un valor tan exclusivo de estas instituciones.

- **La fuerza de la marca**. Desde luego, el sello de una escuela de negocios representa una garantía de calidad y de confianza. No obstante, cada vez hay más empresas que recurren a profesores con marca propia para diseñar e impartir programas de formación, lo cual resta negocio a las escuelas, y manifiesta —por el momento de un modo moderado, más adelante, quizá de un modo disruptivo— una nueva ponderación del peso de la marca de la institución frente a la marca de los profesores. Especialmente, cuando la calidad de los profesores de estas instituciones resulta significativamente dispar, tal como constata promoción tras promoción de alumnos.
- **La interacción profesor-alumnos**. Es obvio que la presencialidad en las clases y seminarios favorece la interacción entre el profesor y los alumnos. No obstante, la aceleración tecnológica que vivimos ofrece cada vez mejores herramientas para el desarrollo de *webminars* y otro tipo de sesiones *online*, cuya experiencia es suficientemente satisfactoria y extraordinariamente más barata en términos de desplazamientos, gestión del tiempo y capacidad de contar con profesores excepcionales que viven en otros países o continentes.

Hago un paréntesis para desvelar que la escuela de negocios era Harvard Business School, y que apenas un mes antes del comienzo del programa me comunicaron que se había cancelado por falta de asistentes:

«While the program has attracted interest from many highly qualified applicants like you, we have made the decision to cancel the program because of lower-than-expected enrolment. As you may know, a hallmark of the HBS learning model is the diversity of perspectives that bring rich dialogue and in-depth learning to the classroom. Without a critical mass of senior leaders, however, we cannot ensure this exceptional learning experience. We sincerely apologize for any inconvenience this may cause you».

La lista de posibles razones por las cuales la presencialidad resulta interesante quizás podría ampliarse. Pero llevo dándole vueltas a este asunto desde hace meses y solo he encontrado un motivo definitivo para optar por la presencialidad en la formación directiva: **la capacidad de inspirar a la audiencia**.

Si echas la vista atrás y repasas qué profesores te han impactado en tu carrera universitaria o en alguna escuela de negocios o en otros contextos, probablemente constatarás que cuentan con algo más que con una destacada capacitación técnica. Tienen también la inusual capacidad de inspirar, que se manifiesta en el modo de hablar, de escuchar, de mirar...

Inspirar requiere un paso más que la mera transmisión de conocimientos. Consiste en estimular a las personas a hacer algo con esos conocimientos, a tomar decisiones y ejecutarlas en sus negocios, en su liderazgo o tal vez en su vida personal.

Y este estímulo resulta mucho más operativo precisamente porque crea impacto emocional, trascendiendo así el plano intelectual. El libro ***How Customers Think*** (ver **capítulo #11**) resulta revelador también desde esta perspectiva: **Gerald Zaltman** cita investigaciones en neurología que demuestran que **lo que no tiene impacto emocional se almacena con más dificultad en la memoria**.

Un gran ejemplo en este sentido es el **discurso**[57] de **Steve Jobs**, CEO de Apple, en la Universidad de Stanford. De no ser extraordinariamente inspirador y crear un enorme impacto emocional, no tendría sentido que el discurso de una ceremonia de graduación en una universidad americana lo hayan visto más de 100 millones de personas en YouTube.

Además de revisar el concepto de presencialidad en la formación directiva, en los próximos treinta años **tenemos que repensar en qué otras ocasiones la presencialidad aporta verdadero valor**. Hay demasiada presencialidad irrelevante en reuniones internas, reuniones con clientes, convenciones, jornadas, seminarios, congresos, encuentros, ferias profesionales... La lista es interminable.

Es demencial cómo nos hemos acostumbrado a soportar la irrelevancia. Nos pasamos el día escuchando en distintos contextos a personas no inspiradoras decir cosas que en algunos casos podrían comunicarse en otros formatos (escritos, por ejemplo, optimizando así el tiempo de los asistentes), y en otros, sencillamente, no comunicarse en absoluto.

La lógica perversa de la irrelevancia lleva a que, en el diseño de muchos eventos profesionales y políticos, se ofrezca un reclamo —en forma de cóctel o regalo— para que los asistentes tengan un motivo para soportar la irrelevancia hasta el final.

Antes de organizar cualquier género de evento presencial, ya sea una reunión con tu equipo o un congreso internacional, te sugiero que apliques el **test de la relevancia:**

1. ¿Es realmente relevante lo que se va a contar? (En una escala de 1 a 10, habría que puntuar por encima del 8 para que la respuesta sea: «Sí, es realmente relevante»).
2. En caso afirmativo, ¿sería más eficiente contarlo en un formato no presencial (por escrito, en una presentación, en vídeo, en la intranet de la empresa, etc.)?
3. En el caso de que la respuesta a la pregunta 1 sea afirmativa y a la pregunta 2 sea negativa, ¿la persona o personas que expondrán el contenido son lo suficientemente inspiradoras como para dar verdadero valor a la presencialidad?

Si aplicas el test con firmeza de ahora en adelante, te ahorrarás —y ahorrarás a otros— miles de horas de irrelevancia. Y, posiblemente, también mucho dinero.

Un ámbito que requiere particular atención para evitar la irrelevancia son las reuniones:

«Prohibido reunirse en una sala y menos para diseñar el futuro». Así titulé hace meses una entrada en mi blog, para enfatizar la dificultad de lograr ideas innovadoras reuniéndote con tu equipo en la misma sala en la que gestionas el día a día, con las mismas paredes, los mismos colores, los mismos referentes y las mismas caras de cansancio o de aburrimiento.

Y por eso llevo años empeñándome en conversar con directivos y en organizar reuniones con equipos en lugares inspiradores, como el *workshop* que tuve con **Olga Puig** y el equipo de Marketing de **Puig España**, en la **Dehesa de Montenmedio**[58], un *resort* de ensueño situado en Vejer de la Frontera (Cádiz). O las reuniones con **Michel Cohen** y el equipo de **Lolita-Masstige**[59] en la terraza del restaurante **Che Montevideo**, situado en La Rambla y con unas vistas deliciosas al Río de la Plata. O las conversaciones con **Ventura Martínez**, director de Innovación y Explotación del **Grupo Ventura,** paseando por la Playa de San Juan (Alicante).

En pocas palabras: ¿Qué sucede cuando te enfrentas a una audiencia? ¿Aburres o inspiras? ¿Qué vas a hacer para mejorar?

Piénsalo mientras escuchas la **canción #19.**

#20. ESCAPADAS SABÁTICAS

En junio de 2008 aproveché un viaje a Londres para pasarme cinco días leyendo en Hyde Park. Por suerte, me acompañó el buen tiempo y allí —en un banco junto al lago— leí unos 30 documentos e informes de Mckinsey y de Harvard Business Review que me resultaron de gran utilidad en mis clases y seminarios y en mi trabajo de consultoría.

Uno de esos días, al volver del parque, me encontré de repente a **Jordi Canals**, decano de IESE Business School, quien me saludó con una amabilidad encantadora y me preguntó de dónde venía. «De Hyde Park Business School», improvisé bromeando, mientras le mostraba el puñado de documentos que llevaba en la mano. Unas horas más tarde, coincidimos de nuevo en la celebración del 50 aniversario del IESE en un exclusivo club de Londres, donde charlamos un rato y aproveché para explicarle con más detalle acerca de mi actividad profesional con Luis Huete y qué hacía en Hyde Park.

He estado reflexionando sobre esta ocurrencia, «Hyde Park Business School», y he concluido que los profesionales *high-end* **necesitamos imperiosamente hacer escapadas sa-**

báticas para recargar las baterías intelectuales, si no queremos quedarnos anquilosados y obsoletos en un mercado inestable y acelerado. Les llamo «escapadas sabáticas» porque la tradicional fórmula del año sabático resulta difícil de compatibilizar con la vida de la mayoría de los profesionales (es una fórmula que encaja mejor en el mundo académico), y porque el concepto de escapada puede acotar el periodo sabático —de un modo disruptivo, por cierto— a una semana al año, o tal vez a un trimestre cada dos años.

Normalmente, las empresas no tienen previsto ni te proponen que te vayas de escapada sabática. De hecho, planteárselo en estos términos a tu jefe podría fácilmente entenderse como una original manera de pedir el finiquito...

No obstante, mi recomendación es que corras el riesgo de solicitar una escapada sabática anual de una semana, argumentándola con una cuidada selección de documentos o libros sobre tu especialidad en la mano, y procurando que coincida con el ciclo de menor intensidad en tu negocio.

Ya te avanzo la respuesta de tu jefe: «Muy interesantes estos documentos, pero, ¿por qué no los lees poco a poco, en huecos que tengas en tu trabajo?». Entonces es cuando te toca decirle: «Porque necesito inspiración. Lo digo en serio. Necesito tener tiempo para pensar con perspectiva, para reflexionar sobre cómo podemos mejorar lo que estamos haciendo, bebiendo de las mejores fuentes de documentación del mundo y aprendiendo de las mejores empresas en nuestro sector. Y creo que a ti también te valdría la pena hacer este esfuerzo».

En este momento, si se produce un silencio inquietante —y estás seguro de que no es para encontrar una fórmula educada de echarte del despacho—, es que has abierto la brecha y se lo está pensando. Ataca inmediatamente con un: «Haré un resumen con las conclusiones de estos informes y se lo pasaremos a todo el equipo».

Si lo logras, recuerda, me debes una. ;-)

En las empresas con las que estoy trabajando en procesos de transformación, suelo proponer cuando llega el verano una selección de documentos para que sean leídos por el equipo. Se trata de una combinación de libros, informes y estudios realizados por consultoras y escuelas de negocio de primer nivel, además de una selección de vídeos de YouTube. El efecto en los equipos es tan energizante como un paseo por Manhattan.

Cada cual tiene su manera de alcanzar la inspiración. Mi amigo **Bob Freeman**[60] —un gran fotógrafo que hizo algunas de las mejores portadas de los Beatles, que ha recorrido el mundo retratando desde a **Charlton Heston** hasta al **Sultán de Brunei**, y que decidió retirarse instalándose en una modesta casa de campo en un pueblo de Sevilla— un día me dijo que su televisión es la chimenea. Y que en esos momentos, contemplando la danza de las llamas, logra inspirarse y pensar nuevos proyectos.

¿No cambiarías —si pudieras— por momentos de inspiración todas las horas de consumo televisivo aleatorio que has hecho en los últimos diez años, con el mando de la televisión en la mano, saltando de la irrelevancia a la ordinariez y del mal gusto al entretenimiento efímero, impulsado por las insoportables interrupciones publicitarias? ¿O las horas de navegación sin rumbo en internet?

Nuestra generación debería cometer un masivo acto de rebeldía: dejar de ver la televisión. Yo empecé hace cinco años y estaría encantado de tener más compañía nadando contracorriente.

En un mundo tan sobrecargado de información, resulta fácil confundir un plan de reciclaje profesional con el picoteo diario de información acerca de tu propio sector a través de *newsletters*, de blogs y de prensa especializada. Y esta trayectoria no es más que **una enmascarada descapitalización profesional**, en la medida en que te roba tiempo para estudiar e investigar con verdadero foco y disciplina. En este sentido, las escapadas sabáticas son tan imperativamente necesarias como tener un maestro que te guíe, que te marque un exigente ritmo de estudio y que te saque del letargo intelectual en el que puede que lleves años.

Cada cual acaba encontrando sus lugares inspiradores. En mi caso, este libro lo estoy escribiendo en una mezcla de escapada sabática y de vacaciones en Estados Unidos. Inicialmente pasé un mes en Miami, primero ordenando las ideas en una libreta Moleskine, luego empezando a escribirlas en el portátil y, diariamente, reposándolas y repensándolas mientras remaba en una canoa en el lago frente a la casa de los amigos con los que me hospedaba. Al final, hice el cálculo y se da la feliz coincidencia de que recorrí treinta millas...

Y este capítulo en concreto, antes de teclearlo hoy en el portátil, lo elaboré mentalmente ayer en el velero de **John** —un amigo de mi amigo **Joe**—, que nos llevó a Martha's Vineyard (Massachusetts), la isla en la que el presidente **Obama** ha pasado sus primeras vacaciones. Un lugar que no deberían contarte, sino más bien conocerlo tú mismo...

En la escapada sabática del verano de 2007, mientras estudiaba en **The Bakers Library**[61], la biblioteca de Harvard Business School, tuve varias conversaciones con estudiantes de doctorado. Con frecuencia, les sorprendía y les causaba una sana envidia mi modelo disruptivo de investigación: personalizado y dirigido por un mentor, compatible con mi actividad profesional, y sin pagar los tradicionales peajes burocráticos, mucho más caros en términos de coste de oportunidad (es decir, lo que podrías estar haciendo en vez de lo que de hecho estás haciendo) que la cantidad económica que representan.

En pocas palabras: ¿Adónde y cuándo te gustaría irte de escapada sabática? ¿Y a qué dedicarías ese tiempo?

Piénsalo mientras escuchas la **canción #20.**

#21. YOUTUBE BUSINESS SCHOOL

Tal vez es casualidad, pero no conozco ningún doctor que no considere burocrático, excesivamente largo e ineficiente el proceso que pasó para obtener su doctorado. Recuerdo la cara que se le quedó al chileno **Patricio Fernández**, estudiante de postgrado de Harvard Graduate School of Arts and Sciences y una de las personas más inteligentes y divertidas que he conocido, cuando le pregunté qué sentido tenía pasarse semanas encerrado en la biblioteca, con más de una docena de libros abiertos sobre la mesa, buscando citas y más citas para «legitimar» una argumentación ante su director de tesis, escribiendo un *paper* cuyo alcance académico probablemente no pasará del «ajá, qué interesante» de alguno de sus colegas buscando otra cita...

He barajado la opción de titular este capítulo **«El síndrome de la legitimidad»**, porque creo que es una de las causas de desconcierto y de parálisis en nuestra generación. Hace apenas cuatro décadas, estudiar una carrera universitaria fue una garantía de estatus en la sociedad y de un trabajo bien remunerado. Ya hace más de dos décadas que no lo es. Y actualmente está empezando a ocurrir lo mismo con los MBA y otros estudios de postgrado. No es que no valga la pena el esfuerzo de estudiar en una escuela de negocios, sino que es insuficiente para garantizarse el futuro profesional.

Este fenómeno se va a acentuar en los próximos años, al ritmo de la democratización del conocimiento y de la aparición de **fórmulas más fáciles, más simples, más accesibles y más baratas para capacitarse profesionalmente**, que —como toda innovación disruptiva— representarán una opción suficientemente buena para muchos profesionales que no tienen tiempo o no quieren o no pueden invertir sus recursos económicos en hacer un MBA u otro programa. ¡La formación directiva también se está desintermediando y polarizando! De manera que las escuelas de negocio deben afilar su propuesta de valor para permanecer o alcanzar el *high-end* o competir con una oleada de disrupciones que entrarán por el *low-end*.

Por ejemplo: más pronto que tarde, Google o algún emprendedor acabará por lanzar **YouTube Business School**, una escuela de negocios *online* que recopilará el mejor conocimiento y los vídeos de las mejores clases impartidas por los profesores más brillantes de todo el mundo, ordenándolas siguiendo el programa de un MBA, y añadiendo documentos y presentaciones para complementar esta formación audiovisual. En la que, además, se podrá interactuar con profesores y estudiantes de los cinco continentes, como en un aula de anfiteatro gigantesca, sin limitaciones de capacidad.

¿Y si la formación que ofrece YouTube Business School resultase más interesante y estuviese mejor diseñada que la de muchas escuelas de negocio? Si estás pensando en apuntarte a una, piénsalo y acierta al elegir. Y si estás dirigiendo una, piénsalo aún más y rodéate de profesionales que te ayuden a diseñar una oferta formativa acorde con las nuevas necesidades y con los nuevos hábitos.

Ken Robinson, en una inspiradora **conferencia**[62] que impartió en TED en 2006, puso el dedo en la llaga de los modelos actuales de educación argumentando que las escuelas matan la creatividad, y proponiendo un sistema educativo que nutra la creatividad, más que aplastarla.

En esta misma línea, el profesor de Harvard Business School **Clayton Christensen**, expresa en su libro ***Disrupting Class***[63] las siguientes tesis, que aplica al sistema educativo norteamericano, pero que podrían aplicarse también a la formación directiva:

- Cada estudiante aprende de una forma diferente. Las escuelas deben moverse desde monolíticos esquemas educativos hacia un enfoque educativo modular, centrado en el estudiante y usando la tecnología como un medio clave.
- La innovación acabará transformando el mercado de la educación a través de propuestas disruptivas más simples, más fáciles, más accesibles y más baratas.
- Actualmente, la mayoría de las escuelas están utilizando la tecnología no para ofrecer modelos educativos que se adapten a cada alumno, sino forzando a las tecnologías para que encajen en un obsoleto sistema educativo.
- La clave para que la disrupción se abra camino en este campo es que se desarrollen fórmulas educativas «suficientemente buenas» basadas en la tecnología para aquellos que no tienen opción para la educación presencial.

En este sentido, otro de los temas que debemos repensar es **la metodología del caso**. Cuando hace veinte años un profesor se plantaba en clase con el caso de Wall*Mart —y sus veinte páginas explicando el modelo de negocio y la evolución de la compañía, e incluyendo datos y cifras y también una entrevista con el CEO—, los estudiantes de programas MBA se frotaban las manos por la posibilidad de acceder a tan valiosa información sobre una empresa real, con problemas y retos parecidos a los de sus propias compañías. En cambio, hoy basta un rato en Google para acceder a buena parte de la información contenida en el caso y a mucha otra información sobre la empresa, tal vez incluso de más valor.

La metodología del caso ha sido una herramienta valiosísima en la formación directiva, pero no es un fin en sí misma. Desde que se inventó en Harvard Business School, han cambiado muchas cosas y requiere una revisión. De hecho, en algunas escuelas se está empezando a extender el concepto de microcaso de 3 o 4 páginas, en el que se ahorra al alumno toda la información que no es necesaria para exponer determinado aprendizaje, haciendo así posible emplear varios microcasos en cada sesión, ampliando de esta manera la perspectiva y los modelos de referencia.

Volviendo al síndrome de la legitimidad, he oído decenas de relatos sobre la lógica perversa de tener de tu lado al tribunal para lograr una cátedra en la universidad española. Ya puedes haber acumulado puntos en tu currículum presentando *papers* en congresos por todo el mundo, publicando artículos en las más prestigiosas revistas especializadas y logrando ser citado por tus colegas, que si el tribunal no «está contigo» olvídate de la plaza de catedrático...

Publicar *papers*, publicar casos y publicar libros. Esta es la obsesión de muchos académicos, punzados por sus instituciones para producir investigación o por el propio deseo de escalar puestos en su carrera académica, con el fin de alcanzar títulos que confieren «legitimidad»: doctor, profesor titular, catedrático... En fin, es un sistema como otro cualquiera para garantizar la calidad de las instituciones académicas, pero que requiere una profunda revisión para adaptarse a un momento de la historia en el que la formación también se está desintermediando; y para reducir o eliminar ineficiencias tan desfasadas como la compulsiva publicación de *papers* irrelevantes o de tesis cuya única aportación a la ciencia consiste en haber aupado a su autor para alcanzar un título.

En pocas palabras: ¿Tienes diseñado tu plan de formación profesional? ¿Aprovechas bien la potencia de la herramienta YouTube en tu formación?

Piénsalo mientras escuchas la **canción #21.**

#22. PUBLICAR

Pasé el verano de 2004 trabajando como consultor en el **Hotel los Monteros**[64] de Marbella, el primer hotel 5* Gran Lujo de la Costa del Sol, que ha alojado a estrellas de Hollywood como **Sean Connery** y **Audrey Hepburn** o a artistas como **Michael Jackson**. Allí tuve la suerte de trabajar con profesionales como **Gildas Renaux**, **Jorge Manzur**, **Paloma Martínez** y **Serge Couturioux**, con gran experiencia en el segmento de lujo en las mejores cadenas del mundo.

El hotel se estaba quedando anticuado, y con el fin de crear un concepto diferencial que atrajese a los clientes, se llevó a cabo un proyecto de reforma en el Club de Playa **La Cabane**, que consistió en poner al borde del mar camas *king size* con dosel (básicamente, era una elegante y simple estructura de madera, de la que colgaban cortinas de lino) y ofrecer un servicio de *beach boys* que refrescaban a los clientes cada hora con agua de rosas vaporizada.

En realidad, había más elementos en el proyecto, pero a los pocos días de ponerlo en marcha, nos dimos cuenta de que, cuando los clientes recomendaban el hotel, siempre utilizaban las siguientes palabras: «Camas al borde del mar, *beach boys* y agua de rosas vaporizada». Aquella frase era mágica. Quien la escuchaba, quería venir. Y no fue ideada por el departamento de marketing, fue el resultado de afinar el oído y escuchar a los clientes cuando llamaban por teléfono a sus amigos, fascinados por la experiencia, en aquel entonces única en España.

Seth Godin, en su libro ***Unleashing The Ideavirus***, afirma lo siguiente: «If you can't describe your position in eight or less words, you simply don't have a position». Y esta fue precisamente la magia del proyecto que desarrollamos en La Cabane, que podía contarse en una brevísima frase.

Aprender a sintetizar una propuesta de valor es un reto desde el punto de vista del marketing, y una necesidad para diferenciarse estratégicamente en el mercado de la abundancia, en el que la oferta es superior a la demanda y hay un exceso de empresas tratando de llamar la atención de los consumidores, ofreciéndoles prácticamente lo mismo.

Pero esta **capacidad de expresar lo esencial en pocas palabras** es una habilidad también necesaria para cualquiera que maneje información o conocimiento y desee transmitirlo eficazmente. Y más en concreto, para todo profesional que quiera publicar su conocimiento en cualquier formato.

Hasta hace muy poco, el verbo «publicar» se refería exclusivamente a un libro o a un artículo o a un anuncio y quizá a algún otro formato escrito. En cualquier caso, en todos ellos se emplea un esquema narrativo lineal (se empieza a leer por el principio y se termina al final, por explicarlo de una manera simple).

La expresión «publicar un vídeo» (formato que permite narrativas no lineales, como los *flashbacks*, por ejemplo) se debió emplear por primera vez en 2000 o 2001, cuando empezaron a surgir los «portales de banda ancha», así llamados porque fueron los primeros que ofrecieron contenido audiovisual en la era del HTML, el lenguaje de programación principalmente utilizado por los informáticos para diseñar las primeras páginas *web*.

Pero en los últimos años se ha producido una **proliferación de nuevos formatos** para publicar conocimiento (*webs*, blogs, vídeos, *wikis*, presentaciones, etc.) y también una **ruptura del tradicional esquema narrativo lineal** (debido principalmente al hipertexto, más conocido como *link*). Y estos dos factores, combinados entre sí, están modificando y en muchos casos enriqueciendo extraordinariamente las posibilidades de publicar contenido. Un ejemplo sofisticado es la **navegación hipertextual en los vídeos**[65] que lanzó hace un año YouTube.

Todo esto nos plantea dos nuevos retos: el de **aprender a publicar y transmitir contenido en novedosos formatos y el de manejarse con esquemas narrativos más complejos**. El alcance de este desafío, por tanto, no consiste en pasar de hacer presentaciones en Power Point con solo texto a introducir texto e imágenes, o pasar de textos lineales a textos con *links,* o de *slideshows* de diapositivas a vídeos. El reto que tenemos, en este sentido, consiste en innovar utilizando una explosión de herramientas digitales y de aplicaciones de *software* para resolver necesidades de publicación o de transmisión de contenido de una manera más creativa y más efectiva. Algunos ejemplos que ya son una realidad:

- **Sesiones audiovisuales de formación** para ser vistas, leídas y escuchadas en un dispositivo móvil mientras se va en el metro o se espera en el aeropuerto o en la sala de espera de un dentista. Por ejemplo: la interesante iniciativa de **Vídeos Formación**[66], que ofrece vídeos de *management* de tres minutos.
- ***Webinars***: seminarios no presenciales a través de plataformas como **Webex**[67].

- Trabajo simultáneo sobre un mismo documento, tal como permite **Google Docs**[68].
- Animación de estadísticas para hacerlas más comprensibles. Este **vídeo**[69] del científico **Hans Rosling** en una conferencia de TED constituye un ejemplo memorable.
- Presentaciones sin presentador. Como las de **Did you know**[70] que han creado un estilo propio.
- Asistir a clase desde casa. En la **Universidad de Berckley** las clases se graban y se emiten en **webcast/courses**[71].
- Libros audiovisuales. Es decir, que combinen texto, audio y vídeo para ser leídos, escuchados y vistos en dispositivos como el **Kindle**[72] de Amazon. (El libro que tienes en tus manos pretende ser un paso en esa dirección en una fase en la que estos dispositivos no están suficientemente popularizados).
- Y un largo etcétera que nos irá sorprendiendo en los próximos años. ¿Espectador o protagonista? Nuevamente, tú decides.

En el último curso de la carrera, 1995-1996, mi promoción tuvo la suerte de estrenar el nuevo **Edificio de Ciencias Sociales** en el campus de la Universidad de Navarra. Al margen de la excepcional arquitectura del edificio, diseñado por el arquitecto **Ignacio Vicens**[73], a todos nos sorprendió la capacidad tecnológica de las aulas, y en particular, la posibilidad de conectar en cada pupitre un ordenador portátil y trabajar en red con el profesor y con el resto de los alumnos. Lo que hace unos años era un sueño galáctico hoy es una realidad que se asume como si siempre hubiese sido así.

Estos avances no surgen de personas conservadoras, sino de **personas innovadoras** que tienen una sana **curiosidad** para abordar la realidad desde distintas perspectivas, una sólida **confianza** en que sus intuiciones pueden acabar implementándose, y un inconmovible **coraje** para hacer frente a las dificultades y a los obstáculos en el camino, normalmente puestos por personas poco flexibles y que se sienten en posesión de la verdad.

Es natural —e incluso diría que hasta sano— que exista tensión entre las personas conservadoras y las personas innovadoras. Mientras que a los primeros les dan seguridad las normas, a los segundos les gusta desafiarlas y cambiar las reglas del juego. Las dos mentalidades son complementarias y tienen sus ventajas e inconvenientes. Pero cuando se trata de diseñar el futuro, más vale **rodearse de innovadores**, con quienes será más fácil encontrar nuevas y mejores maneras de hacer las cosas.

En pocas palabras: ¿Cómo te manejas presentando información en formatos narrativos no lineales? ¿Eres capaz de hablar a una audiencia a través de una cámara?

Piénsalo mientras escuchas la **canción #22.**

#23. IR AL CINE EL LUNES POR LA TARDE

«Si eres capaz de enviar e-mails profesionales el domingo, pero no sabes organizarte para ir al cine el lunes por la tarde, tu vida está desequilibrada». Minutos después de escuchar esta frase a **Ricardo Semler**, dando una conferencia en el MIT, encargué su libro ***The Seven-Day Weekend***[74] en Amazon. Y tan pronto como lo recibí, lo devoré aprovechando un vuelo a Estocolmo en junio de 2009.

Cada año, ejecutivos de las mayores empresas del mundo van a pedir consejo al brasilero Ricardo Semler en **Semco**[75], la empresa que heredó de su padre cuando aún no había cumplido 30 años. Semler fue capaz de transformar una empresa con la típica estructura piramidal y con un organigrama basado en las funciones departamentales (producción, marketing, financiero, recursos humanos...) en una organización democratizada, flexible y plana, en la que los empleados:

- Eligen su horario de trabajo.
- Contribuyen a diseñar los productos y sus planes de comercialización.

- Fijan sus propios sueldos.
- Deciden cuál será su participación en los beneficios de la empresa.
- Conocen la situación financiera de la empresa.
- Votan las decisiones importantes.
- Eligen la ropa (formal o informal) que llevan para trabajar.
- Y evalúan periódicamente a sus jefes.

Además, en Semco no hay recepcionistas ni secretarias ni auxiliares y los despachos no están separados por tabiques sino por plantas. «Lo que hace Semco —afirma Semler— es prescindir del autoritarismo ciego e irracional que mengua la productividad».

Ricardo Semler está convencido de que hay talento atrapado en las organizaciones y por eso los principios de su empresa pretenden:

- Estimular la creatividad y valorar a las personas que se atreven.
- Incentivar la participación de todos y promover que se cuestionen las decisiones impuestas desde arriba hacia abajo.
- Preservar un ambiente informal con profesionalidad y sin conceptos preestablecidos.
- Tener humildad para reconocer los errores, sabiendo que siempre habrá algo para mejorar.

Así explica su modelo el propio Ricardo Semler: «Semco has no official structure. It has no organizational chart. There's no business plan or company strategy, no two-year or five-year plan, no goal or mission statement, no long-term budget. The company often does not have a fixed CEO. There are no vice presidents or chief officers for information technology or operations. There are no standards or practices. There's no human resources department. There are no career plans, no job descriptions or employee contracts. No one approves reports or expense accounts. Supervision or monitoring of workers is rare indeed... Most important, success is not measured only in profit and growth. I believe the obsession with control is a delusion and, increasingly, a fatal business error».

Ricardo Semler es, sin duda, un innovador que se ha atrevido a desafiar los tradicionales paradigmas del buen *management* con **un modelo basado en la confianza**. Y los resultados le han acompañado: su modelo ha llevado a Semco desde una cifra de beneficios anuales de cuatro millones de dólares, hace 25 años, hasta 160 millones de dólares anuales, actualmente.

La confianza no se puede impostar. Cuando alguien no se fía de ti, aunque no te lo diga explícitamente, te lo expresa con todo su organismo: con sus gestos, con sus decisiones, con sus palabras y especialmente con su mirada. Los ojos no engañan. Y esa manera de mirarte fácilmente te puede bloquear.

Una persona bloqueada por la desconfianza acaba inhibiéndose de sus responsabilidades y actuando con el objetivo de quedar bien, y no con el de hacer bien las cosas, ya sea en el ámbito personal o en el profesional. Es un ciclo vicioso: una mirada desconfiada genera una respuesta desconfiada, ya que no puedes esperar que alguien confíe en ti si tú no confías en él.

Este tipo de mirada forma parte de la cultura de muchas organizaciones y explica la falta de sintonía en muchos equipos directivos y, en consecuencia, la deficiente coordinación lateral entre departamentos. Nuestra generación tiene **el atrevido reto de romper con esta lógica de la desconfianza** que lastra a la sociedad, a las empresas y a las personas. Yo no digo que sea fácil, sino que vale la pena luchar por ello.

Una mirada de confianza despliega nuestras alas para volar y nos llena de ganas de superarnos. Es la mirada que expresa el filósofo **Josef Pieper** en un ensayo sobre el amor, cuando dice que el que ama no solo ve en la persona amada lo que es ahora, sino que proyecta lo que puede llegar a ser.

El modo en que miramos a los demás es reflejo de la **conversación interior** que mantenemos con nosotros mismos acerca de ellos. Así que, si quieres restaurar la relación con algún colega y lograr mirarle de otra manera, primero necesitas modificar los términos de tu conversación interior acerca de él. O dicho de un modo esquemático: olvidar los desencuentros del pasado, dejar de juzgarle, hacer el esfuerzo por comprenderle y centrarte en ponderar los aspectos positivos de esa persona. Cuando alguien se esfuerza por mirar así a los que otros considerarían enemigos, y tiene suficientes resortes emocionales, es capaz de cambiar la lógica de una relación minada por la desconfianza.

Repasa tu biografía. ¿No podrían haberse resuelto muchas tensiones personales o profesionales en tu vida si hubieses actuado así? Cambiar la mirada no es una fórmula mágica ni matemática para restaurar relaciones, pero es una actitud más inteligente que el rencor y con la que se logran mejores resultados. Y más felicidad.

Es verdad que ofrecer confianza es arriesgado, porque te pueden defraudar. Pero las cosas pueden empeorar todavía más si, tras un episodio de confianza defraudada, se toman desproporcionadas medidas de control para intentar evitar otro fraude, sea en el ámbito profesional o en el personal. «Más vale aceptar la posibilidad de volver a ser herido que vivir desconfiando», me dijo una vez **Pedro Antonio Urbina**, un entrañable escritor fallecido en 2008, cuya amistad tuve la suerte de disfrutar durante diez años.

La confianza es una entelequia si no va acompañada de gestos. Por eso «me quité el sombrero» cuando **Salem Samhoud** le regaló un piano a **Wouter Van Dalen** al poco de enviarle a abrir la oficina de la consultora en Madrid. Salem confía ciegamente en que Wouter hará un buen uso de él. No sólo porque es un magnífico pianista, sino porque lo usará con criterio, en los momentos adecuados —como el descanso para el almuerzo—, y no cuando debería estar trabajando. Wouter es un profesional *high-end* que ha sabido afrontar un gran reto: traerse la familia desde Holanda, aprender español y sentar las bases del crecimiento de &Samhoud en el mercado de habla hispana a través de **Huete&Samhoud**[76]. Wouter es un vivo ejemplo del talento que se puede llegar a desplegar cuando te miran con confianza.

En pocas palabras: ¿Confían plenamente en ti en tu empresa? ¿Y tú, transmites confianza a los que están a tu alrededor?

Piénsalo mientras escuchas la **canción #23.**

#24. TRABAJAR DESDE CASA

En agosto de 2008 coincidí en un vuelo de Miami a Boston con **Jack**. Empezamos hablando de todo un poco y acabó contándome su modelo de trabajo. Se incorporó hace más de una década a una firma financiera en Boston. Recientemente, se casó con una chica de República Dominicana, quien no está acostumbrada al frío y le pidió buscar trabajo en alguna ciudad más cercana al ecuador. Jack planteó en su empresa un traslado a Miami, donde no tenían oficina ni estaba en los planes abrirla. Y dado que su aportación a la empresa es valiosa, logró negociar vivir en Miami, trabajar desde casa y viajar a Boston cada tres semanas, aproximadamente.

—Es una experiencia muy buena —me contó—, trabajo de 8:00 a 12:00, hago un descanso para el *lunch,* nado un rato en la piscina, y luego continuo trabajando hasta las 17:00, siguiendo exactamente el mismo horario que mis colegas en la oficina de Boston. Y por la tarde, al terminar, paseo con mi mujer por la playa o voy a correr.

—¿No te preocupa que tus colegas piensen que mientras ellos están trabajando tú estás en bermudas disfrutando en Miami?— le pregunté.

—Yo soy el primer interesado en que esta fórmula funcione, así que trabajo como el que más y en Boston están contentos— concluyó.

Pocas semanas antes, en un vuelo de Medellín a Miami, coincidí con **Jeff**, un americano enamorado de la cultura hispana que trabaja entre Colombia y Miami para una empresa de Nueva York y lleva su oficina en una cartera: un portátil y un teléfono móvil. También trabaja desde casa.

Unos meses antes, en junio de 2008, en el tren que une la estación London Paddington y el aeropuerto de Heathrow, conversé con un australiano que le fascina París, donde vive, y que trabaja desde casa coordinándose con un equipo de ingenieros en India y en Estados Unidos desarrollando aplicaciones para Blackberry.

Este año, **Lina Echevarría**, que logró el mejor expediente en el Executive MBA de ISEM Fashion Business School, me contó que trabaja para **Esprit**[77] en Colombia y que le aceptaron pasar un año en España haciendo el master y seguir trabajando para ellos desde Madrid. Si la empresa no hubiese sido flexible, habría perdido a una verdadera *high potential.*

(...)

Ante la posibilidad de trabajar desde casa, suele haber dos tipos de enfoque: los que optan por centrarse en argumentar las pegas con un sentido común aplastante (el peligro de las distracciones, no sirve para todos los trabajos, se pierde el contacto personal con los colegas...) y los que buscan soluciones flexibles para que trabajar desde casa sea tan ventajoso para el profesional como para la empresa.

Hace meses, me tocó recorrer a las 7 de la mañana un largo tramo de la circunvalación M-40 en Madrid. Y me acordé de la metáfora que José Ignacio Bescós utilizaba para describir el descomunal atasco que se forma: «La manada de ñus avanza lenta e inexorablemente y no se detiene cuando alguno cae herido», refiriéndose a los coches accidentados en el arcén.

Según el Instituto Nacional de Estadística, el tiempo medio empleado en ir y volver al trabajo en España es de 57 minutos diarios, lo que representa un gasto medio por persona de 3.600 euros al año, y equivale en total al 3,5 % del Producto Interior Bruto.

He hecho el cálculo y, al ritmo de una hora diaria de desplazamiento en un medio de transporte, se pierde cada año un tiempo equivalente a 30 jornadas de 8 horas. ¿No te gustaría poder disfrutar de un mes extra de vacaciones?

Por otra parte, en la actualidad, el 50 % de la población mundial vive en ciudades. Pero en 2050 las ciudades absorberán al 75 % de la población. Y como, al parecer, el modelo de crecimiento urbanístico más eficiente —desde el punto de vista de consumo energético— es el vertical, en los próximos años veremos cómo se colapsan aún más las vías de comunicación.

Ante este panorama, y con ciudades diseñadas para necesidades de hace siglos, quedan dos alternativas: demoler y reconstruir desde cero las ciudades (no parece muy razonable) o cuestionarse los modelos de vida y de trabajo para hacer frente a la intolerable ineficiencia en la que estamos instalados.

Así que, dado el rápido desarrollo de las telecomunicaciones, ¿tiene sentido para todos los empleados acudir a un centro de trabajo todo el día o todos los días de la semana? Intuyo que, en los próximos años, muchas empresas seguirán resistiéndose a **cambiar un caduco modelo presencial** —basado principalmente en la desconfianza— hasta que la huida de talento sea tan sangrante que no quede otra opción...

La culpa de la lentitud en el despegue del teletrabajo es compartida al 50 % por las empresas que no lo permiten o ponen excesivas restricciones, y por los empleados que no se lo han planteado, o que se escudan en pegas fácilmente resolubles, o que no son capaces de argumentar las ventajas ante sus jefes, o que no tienen la flexibilidad de cambiar su esquema de trabajo y de vida, o que —en pocas palabras— tienen **una mentalidad analógica en un mundo digital**.

Yo hasta me plantearía sacar de la lista de empleados *high potential* de una empresa a aquellos que no hayan propuesto trabajar desde casa algunos días o, al menos, algunas horas a la semana. Ya que, en muchos casos, este hecho revelaría falta de iniciativa.

En pocas palabras: ¿Sabes organizarte para trabajar intensamente desde casa o desde fuera de la oficina?

Piénsalo mientras escuchas la **canción #24.**

#25. TOMAR LA INICIATIVA

No hace mucho que me enteré de que **mi padre**[78] aterrizó en 1954 con un avión alemán en la Avenida de la Palmera de Sevilla. Por si no conoces esta ciudad, sería algo así como aterrizar en el Paseo de la Castellana de Madrid o en los Campos Elíseos de París o en la Quinta Avenida de Nueva York. Le he pedido que me escriba esta historia y me la ha enviado por email.

«Tenía 18 años. Recuerdo que fue un verano tórrido en Sevilla y que el termómetro marcaba 40º. Hacía prácticas en un avión alemán monoplano de ala baja, el **Gotha**, en un modelo de casi la Primera Guerra Mundial.

Antes de subirme al avión, el mecánico me indicó que el motor solía fallar en vuelo, pero que no temiera, ya que podía ponerse nuevamente en marcha usando una palanca de emergencia situada a la derecha. "No se ponga nervioso —me dijo—, mantenga la calma y muévala insistentemente, ya que inyecta combustible y el motor responde".

Mientras volaba pensando en la recomendación del mecánico, divisé que la Avenida de la Palmera estaba desierta y me decidí a dar algo de emoción a un rutinario vuelo de práctica. En aquella época, apenas circulaban automóviles por esta avenida, construida para la Exposición Iberoamericana del 29. Y menos en verano y a las cuatro de la tarde, cuando lo más recomendable era dormir la siesta...

No lo pensé dos veces. Asegurándome de que no se divisaba circulación alguna y de que el viento venía en contra, paré el motor intencionadamente y planeé con toda comodidad por aquella magnífica pista de aterrizaje.

Al salir del avión, me di cuenta de que estaba solo y de que nadie había percibido mi toma de tierra. Entonces, me acerqué a una casa particular, donde expliqué mi situación y me dejaron llamar por teléfono a la base aérea para solicitar ayuda.

Al rato, enviaron un camión y ayudé al mecánico a desmontar las alas para cargar el avión. Más tarde, cumplí con el procedimiento de dar parte de mi "accidental" aterrizaje alegando escuetamente: "Parada de motor y toma de tierra de urgencia sin producir daños a terceros". Mi informe fue aceptado —incluso me felicitaron por la perfecta maniobra realizada, logrando aterrizar en la Avenida de la Palmera—, lo cual me ahorró algunos días de calabozo...

Al desmontar las alas, aproveché para pedir al mecánico que me mostrara el funcionamiento de la palanca para volver a arrancar el motor en caso de parada. Al principio se resistió, pero finalmente, con un guiño de complicidad, abrió la tapa del motor y me dijo: "Mire la palanca y comprobará que el cable que impulsa llega a una pieza que no está conectada con el motor; simplemente tira de un muelle. Este mecanismo solo sirve para que el piloto no se ponga nervioso y, entretenido con la palanca, espere a que el motor arranque de nuevo solo, que es lo que suele ocurrir al cabo de unos segundos. Así evitamos perder aviones porque el piloto se lanza asustado en paracaídas..."».

Esta historia —y otras que he escuchado a mi padre en los últimos años— me han servido para entender la comprensión con la que siempre ha afrontado las fechorías de sus cuatro hijos varones; y también para concluir que **tomar la iniciativa y arriesgar es una magnífica fuente de aprendizaje.**

Estoy convencido de que la mejor manera de aumentar el talento personal consiste en abordar retos. Y también de que, habitualmente, la inercia de las empresas tiende a acomodar el diseño de los puestos de trabajo a las cualidades actuales de los empleados y no a retarles para desplegar su talento.

Esta es una lógica perversa que bloquea el potencial de los empleados, que acaban desempeñando responsabilidades por debajo de su capacidad y a quienes les sucede algo parecido a lo que cuenta **Anhua Gao** en su novela autobiográfica ***To The Edge of The Sky.*** Al referirse a su abuela, Gao explica cómo el régimen comunista chino obligaba a vendar los pies de las mujeres para impedir que crecieran —unos pies pequeños se consideraban un símbolo de belleza— causándoles una deformación y un dolor que se manifiesta en el peculiar modo de caminar de las mujeres chinas, con pasitos cortos y temerosos.

Si este ha sido el ritmo de tus pasos en largos periodos de tu trayectoria profesional, te sugiero que rompas la inercia y te atrevas con una zancada larga para:

- Emprender el negocio que desde hace años te ronda la cabeza.
- Cambiar de empresa o de sector.
- Hacer un master en una escuela de negocios.
- Escribir un libro.
- Cambiar tus hábitos y ganar en disciplina.
- Estudiar para convertirte en un especialista en tu área.
- Hacer una escapada sabática.
- Marcharte al país en el que sueñas vivir.
- Buscar un maestro.

- Convertirte en un profesional con marca.
- Diseñar tu propio modelo de negocio.
- (Escribe aquí tu sueño):______________________________

En pocas palabras: ¿Hay alguna decisión profesional importante que está esperando a que tomes la iniciativa?

Piénsalo mientras escuchas la **canción #25.**

#26. APUNTAR A LA LUNA

Cuando en mayo de 1961, **John F. Kennedy**[79] dijo «I believe that this nation should commit itself to achieving the goal, before this decade is out, of landing a man on the Moon and returnig him safely to the Earth», inspiró a todo un país por una década.

Y en una **intervención**[80] posterior, JFK explicó el motivo de apuntar a un objetivo tan alto: «...because that goal will serve to organize and measure the best of our energies and skills, because that challenge is one that we are willing to accept, one we aren't willing to postpone and one we intend to win...».

A veces estamos tan ocupados gestionando nuestro día a día que **no encontramos tiempo para diseñar nuestra vida** —la única que tenemos—, que avanza silenciosamente rápida, como un tren de alta velocidad.

¿Has escrito alguna vez tus sueños? Es un ejercicio recomendable, porque ayuda a madurarlos y a darles forma. Y sobre todo, a concretarlos, ya que cuando andan solo adentro de nosotros, envueltos en una maraña de emociones e inseguridades, se olvidan o se arrinconan en la memoria y resultan incapaces de movernos a tomar decisiones y ejecutarlas.

Si JFK hubiese formulado su discurso de llegar a la Luna como un político convencional o como un CEO no inspirador, le hubiese salido un mensaje tan inconcreto como incapaz de movilizar a sus compatriotas. Algo así como: «Our mission is to became the international leader in the space industry through maximum team-centered innovation and strategically targeted aerospace iniciatives», tal como leí en ***Made To Stick***[81], un interesante libro que me descubrió mi amigo **Julio Estalella**.

Concretar tus sueños es un paso esencial si quieres **salir de la deriva a la que te conduce el conformismo** y trazar tu propio rumbo para llegar adonde anhelas.

La deriva profesional —manifestada en no tomar la iniciativa de diseñar un trabajo que despliegue tu potencial— puede resultar cómoda por unos años; pero difícilmente te llevará lejos y, además, podría acabar estrellándote contra las rocas, cuando constates que eres demasiado caro para el valor que aportas a tu empresa, que ha encontrado fórmulas suficientemente buenas para reemplazarte (ver **capítulo #2**).

A finales de agosto de 2009 pasé un fin de semana en Greenwich (Connecticut) con **José I. Martín Aguirre** y **Fernanda Parias**. Aparte de acogerme con una entrañable exquisitez, de dejarme a cargo de sus cinco criaturas durante unas horas inolvidables y de ayudarme con su valioso *feedback* sobre el primer borrador de este libro, me honraron pidiéndome inaugurar el libro de visitas de su casa americana, a la que se trasladaron semanas antes, ya que José Ignacio es el nuevo director de Banesto en Nueva York.

Fernanda se las arregló para comprar un libro de visitas antes de que yo me marchara, y eligió uno muy elegante, inspirada por la cita que llevaba en la portada: «Shoot for the Moon. Even if you miss, you'll land among the stars...».

Apunta a la Luna. Y yo añadiría: y no hagas caso a los escépticos cuando traten de despertarte de tus sueños.

«En los comités de dirección —me comentó una vez Emilio Iturmendi— parece que el directivo más listo es el que más pegas pone a las iniciativas que otros plantean». E inmediatamente me vino a la cabeza la imagen de esos directivos a los que se les llena la boca de negativas advertencias, inclinados hacia atrás en sus butacas, con la cabeza ligeramente ladeada y los brazos cruzados.

Aunque, bien mirados, los «cenizos» que te rodean podrían desempeñar un papel muy útil, si logran enfadarte lo suficiente para redoblar tu empeño en vivir sin miedo, apuntando a la Luna y escalándola paso a paso, de la mano de un maestro y rodeado de personas inspiradoras cuyas conversaciones te impulsen a seguir soñando.

Si tus sueños están aún por escribir y no tienes a mano un cuaderno en blanco, te sugiero que bajes hoy a comprarlo, y que empieces a escribir tus planes para los próximos treinta años.

En pocas palabras: ¿Qué sueñas cuando sueñas despierto?

Piénsalo mientras escuchas la **canción #26.**

#27. LA CONVERSACIÓN

Poco antes de embarcarme en un largo viaje (Montevideo-Sao Paulo-Madrid) en noviembre de 2008, mi amigo **Pablo Cohen** me regaló ***La sociedad de la nieve*** con una amable dedicatoria del autor, **Pablo Vierci**. El libro recoge el testimonio de los 16 supervivientes de la tragedia aérea de Los Andes. Ya lo sé, no es la lectura más apropiada para un viaje en avión. Pero lo agarré para hojearlo y ya no pude parar...

A lo largo del libro, los supervivientes de esta sobrecogedora historia narran con 36 años de perspectiva no solo lo que pasó —que ya fue contado en la película ***Viven***[82] y en otro libro, también con este título, publicado en 1974— sino lo que les pasó a ellos por dentro. Y hay que ser muy insensible para que no se te haga un nudo en la garganta a medida que avanza el relato.

Uno de los episodios más dramáticos de los 72 días que pasaron a 4.000 metros de altitud y soportando temperaturas de hasta 30º bajo cero fue el alud que les arrolló el día decimotercero, llevándose por delante a ocho personas y reduciendo la cifra de supervivientes a 19. Así lo narra en el libro **Moncho Sabella** desde su perspectiva:

> «Esa noche me había quedado dormido con la mano izquierda hacia arriba, porque a los costados no cabían los brazos. Vino la avalancha, me cubrió, y conocí a la muerte más cerca que nunca. Lo que vi y sentí fue una de las experiencias más extrañas y dulces que he tenido en toda mi vida. Ese relajarse y dejarse ir, esa paz absoluta, diferente a todo lo que he conocido, hasta que despierto de ese viaje sin destino porque **Roy** me toma la mano que asomaba por la superficie, se quiebra el encantamiento y vuelvo al infierno.
> Me sucedió algo muy curioso, tal vez producido por el "shock" o por el cerebro alterado que se quedaba sin oxígeno. Veía todo como en tres planos: veía desde arriba, el avión enterrado, cubierto de nieve; veía en otro plano el avión, desde adentro del fuselaje, con la gente sepultada, y en un plano más profundo veía mi cuerpo, debajo de la nieve, sin vida, con mi saco y mi pantalón azules que había encontrado en una percha en la cabina de los pilotos. Incluso desde el segundo plano veía cómo Roy caminaba para un lado y para el otro, y percibo cuando pisa donde yo tenía mi mano izquierda, y ahí, con esa simple huella, me quedan al descubierto tres dedos, ¡tres dedos! Entonces asimilo claramente que, si quiero, tengo la oportunidad de escapar del sepulcro. Que si me atrevo, puedo volver a casa. En ese momento surge la duda cruel: ¿cuál es el cementerio de verdad: volver al sufrimiento de morirte de hambre, de frío, o dejarte llevar, y seguir ese sendero pacífico hacia no se sabe dónde? Entonces me inundó la imagen de mi familia llorándome, sentados a la mesa, con mi plato vacío esperándome, y con esos dedos que quedaron libres empecé a escarbar, haciendo un hoyo en torno a la mano. **Coche** vio ese movimiento, esa

mano que sobresalía y se movía, cavó hasta llegar a mi rostro y empecé a respirar de vuelta. Cuando salgo, yo también empiezo a cavar. Consigo sacar a uno, pero los dedos se me congelan. Cuando llegué al segundo, estaba muerto. Los dedos se enfrían cada vez más y no responden. Quiero cavar pero se doblan. Al final me oriné en las manos para recuperar la fuerza en los dedos. Seguí y seguí. Cuando no pude cavar con las manos y lo hice con los puños y después tuve que hacerlo con los codos.

Siempre creí que nada sería peor que la primera noche, cuando terminé acostado sobre el cuerpo de **Nicolich** y tomado de la mano de una mujer muerta. Sin embargo, la avalancha fue mucho más cruel, porque ya no eran personas desconocidas, y era tremendo tener que convivir sepultado bajo la nieve durante tres días y tres noches al lado de cuerpos muertos de tus amigos. Estábamos encerrados, rodeados de nieve por todos lados, no podíamos salir, y no había otra opción que alimentarse de aquellos cuerpos.

Estoy seguro de que la paz que estaba viviendo en mi muerte en el alud se debía a que me estaba muriendo bien. Porque la peor cosa que nos podría suceder en esas circunstancias era irnos con cuentas pendientes, creyendo que habíamos dejado algo deshonesto o desleal en nuestro pasaje por la Tierra».

(...)

Me gusta decir que **no hay biografía que aguante una lupa**. Una mirada atenta a la vida de cualquiera halla episodios duros y difíciles en los que se revelan los sentimientos y las convicciones más profundas, la fuerza y la flaqueza. Y a veces, cuando estamos a punto de aceptar la derrota y de abandonarnos a la congelación, hay **una conversación que nos saca del hielo**, de la mano de un amigo, y nos devuelve la energía para seguir luchando. Tal vez, la riqueza de una vida se podría medir a partir de la calidad de las conversaciones que se han tenido, y con quién.

Detrás de grandes decisiones de tu vida —como la carrera que estudiaste o la trayectoria profesional que has elegido o a quién has decidido amar—, seguro que ha habido una conversación o una secuencia de conversaciones que —tal vez por casualidad— se hicieron un hueco en el guión de tu vida marcando el rumbo que te ha llevado hasta hoy. Por eso te sugiero que elijas muy bien **con quién quieres conversar a partir de ahora**, porque te juegas el resto de tu biografía y, en concreto, la orientación que vas a dar a tu carrera en los próximos treinta años.

Esas conversaciones inspiradoras a veces llegan como un regalo, en un momento inesperado. Pero otras suceden tras **vencer la pereza o el miedo y crear la ocasión** adecuada para que el diálogo con determinada persona se despliegue sin interrupciones y sin prisas, con los móviles apagados, sin máscaras y con la guardia baja.

Paradójicamente, la conversación no solo requiere una atmósfera sosegada, sino que también necesita del **silencio interior**, un estado que se alcanza cuando cultivas los hábitos de la reflexión, la meditación y la contemplación. En otras palabras, cuando sabes pasar ratos sin huir de ti mismo. De lo contrario, acabas llenando el tiempo de una frenética actividad con tal de no mirarte a la cara y preguntarte qué estás haciendo con tu vida y adónde quieres ir.

En pocas palabras: ¿Cuántas conversaciones de verdadero impacto has mantenido en el último año? ¿Y qué conversaciones tienes pendiente?

Piénsalo mientras escuchas la **canción #27.**

#28. LA BANQUETA DE TRES PATAS

En el último curso de la universidad pasé varios días embarcado en un pesquero faenando en el Mar Cantábrico. Hablé con la cofradía de pescadores de San Sebastián y al capitán del barco **San Cayetano** no pareció molestarle que un estudiante compartiese faena, comida y catre con sus catorce marineros. No recuerdo cuántos metros tenía San Cayetano, pero los suficientes para faenar durante meses en Terranova y traer a puerto varias toneladas de atún en sus entrañas frigoríficas.

San Cayetano pescaba con un sistema llamado «a la luz», que consistía en lanzar una pequeña barca en el agua, equipada con dos potentes focos, con el fin de atraer a los peces en la oscuridad de la noche y rodearlos con una gigantesca red. Así que la tripulación dormía de día y trabajaba de noche.

En las horas previas a la media noche, recostados sobre las redes en la popa, a la espera de que el capitán indicase dónde había que lanzar la barca, y sin otra cosa ocupación que mirar las estrellas, empecé a conversar con Imanol.

En realidad, Imanol no era marinero, sino el maquinista del barco, lo cual le otorgaba el privilegio de contar con un camarote individual, mientras que el resto de la tripulación dormía en lo que ellos mismos llamaban la «leonera», situada en la proa del barco. Esta independencia le permitía leer y pensar, dos aficiones que había tenido tiempo de cultivar...

—¿Desde cuando estás en la mar?— le pregunté.

—Si sumo los días, las semanas y los meses que he estado embarcado en mis 34 años de vida, me sale que he pasado 20 años en tierra y 14 en la mar— me contestó, con el raro orgullo de saberse raro.

Imanol tenía unas manos que valdrían para lijar madera y unos brazos fuertes como grúas. Vestía un pantalón ancho de pirata, anudado con un cabo a la cintura, y unos erráticos tatuajes. Pero hablaba como un filósofo de ultramar.

—Siempre he pensado que una persona es como una banqueta de tres patas— dijo en mitad de la negrura, y yo me incorporé sobre un codo, para escucharle también con los ojos.

—La primera pata es la relación que tienes con el mundo. Tu trabajo. Lo que haces para ganarte la vida. Yo saco peces del mar y los llevo al puerto. Y esto hace que me sienta útil: el pescado se vende en la lonja y la gente se alimenta.

—Es como tu contribución a la sociedad, ¿verdad?— apunté, en un ejercicio de obviedad.

Imanol contestó con un lacónico «sí», y yo decidí escucharle en silencio ahora que parecía haber soltado las amarras de su sabiduría.

—La segunda pata es la relación que tienes con los demás: con tus padres, con tus hermanos, con tu mujer, con tus hijos, con tus amigos, con tus vecinos, con tus colegas... Si no hay equilibrio en esas relaciones, desconfía. No se puede ser muy buen padre y muy mal hijo a la vez. Ni un buen marido y un mal colega. Ahí hay algo que no funciona... Tiene que haber armonía en todas esas relaciones.

Hubo un breve silencio, que Imanol rompió cerrando el triángulo: «La tercera pata es la relación con Dios».

(...)

He pensado muchas veces desde entonces en esta metáfora que Imanol me regaló una noche en mitad del Cantábrico. Y cada vez le veo más sentido. En una banqueta de tres patas, si una es muy larga y las otras dos cortas, es difícil mantener el equilibrio. O si dos patas son muy robustas pero la tercera es muy fina, el peso de la vida la puede quebrar.

Un equilibrio estable —o al menos, el esfuerzo por alcanzarlo— es una cualidad clave para inspirar a otras personas. Algunos síntomas de desequilibrio pueden ser:

- Prolongas tu tiempo en el trabajo con tal de no llegar a casa...
- El reto que te ofrece tu trabajo no está a la altura de tu talento y no tomas las medidas necesarias para salir de esa situación.
- La chapuza y los apaños forman parte de tu día a día: dejas cosas sin terminar o las acabas mal y a última hora, falta calidad en lo que haces...
- Tienes conflictos familiares o con otras personas y no estás trabajando con empeño por resolverlos. Por ejemplo: no te hablas con algún miembro de tu familia desde hace años.
- No tienes amigos de «tercer grado» (ver **capítulo #12**). O los tenías, pero los has ido perdiendo porque no haces lo suficiente por mantener la relación.
- Tienes enemigos (personas a las que deseas el mal) en tu entorno profesional, familiar, o en tu vecindario.

- No dedicas tiempo a cultivar de alguna manera tu dimensión espiritual (rezar, meditar, hacer algo por los demás, mejorar tu cultura...).
- Tienes poco que aportar en una conversación sobre temas trascendentales.
- Tienes algunas adicciones que te deterioran y pocas aficiones que te hacen mejorar como persona.

Encontrarse con personas equilibradas en un mundo tan desequilibrado representa un verdadero hallazgo. Personas a las que —a pesar de las adversidades de la vida— les salen las cuentas en su vida profesional, en su relación con los demás y en su dimensión espiritual.

En pocas palabras: ¿Está tu vida lo suficientemente equilibrada como para que otros puedan apoyarse en ti sin que os caigáis los dos?

Piénsalo mientras escuchas la **canción #28.**

#29. AFRONTAR LA ADVERSIDAD

En un viaje largo por la **Interstate 95**[83], la autovía que recorre la costa Este de Estados Unidos desde Maine hasta Florida, **JM** me contó su vida mientras me llevaba en coche.

JM no sabe con certeza cuándo nació, pero calcula que alrededor de 1970 en las montañas de Corea. JM es el menor de cinco hermanos de una familia pobre. Vivían bajo una lona en una ladera de la montaña hasta que se trasladaron a los suburbios de Seúl, donde lograron instalarse en una chabola de cuatro paredes.

Sus padres y sus hermanos mayores trabajaban en una fábrica empaquetando fruta por un salario que no llegaría a la categoría de miserable, ya que JM y sus hermanos se alimentaban principalmente de lo que encontraban en la basura, de lo que conseguían robar y de hierba.

Así vivió JM los cuatro primeros años de su vida, hasta que la desesperada imposibilidad de sus padres para criarles les llevó a dejar a los dos pequeños en un orfanato. Nada más ingresar, a JM le dijeron que, a partir de ese momento, su hermana ya no era su hermana. Y los separaron. En aquel orfanato se abusaba sexualmente de muchas niñas y físicamente de bastantes niños. «Con frecuencia nos daban latigazos y a mi una vez me castigaron golpeándome la cabeza con un poste hasta perder el conocimiento», me dijo. A los pocos meses, JM intentó escapar con su hermana de aquel lugar donde le daban algo de comida y un trato brutal. Pero acabaron encontrándoles y recibieron otra paliza.

Una familia coreana adoptó a su hermana y otra a JM. Pero JM fue devuelto al orfanato rechazado por la familia, con un informe que alegaba que era estúpido y que comía mucho. Seis meses más tarde, una familia estadounidense le adoptó. Pero lo que podría haber sido el fin de una infancia terrorífica se prolongó por un año más, ya que este matrimonio se volvió loco y empezó a abusar de él. Los vecinos les denunciaron y estos padres adoptivos fueron enviados a la cárcel, y JM a **Foster Care**[84], una institución que se hace cargo temporalmente de los niños cuyos padres han perdido la custodia.

En Foster Care pidieron a otro matrimonio que cuidase provisionalmente de JM por tres semanas, mientras encontraban unos padres que quisiesen adoptarle. En realidad, no llegaron a buscar a nadie, porque confiaban en que ese matrimonio acabase queriendo adoptarle, como así fue, movido por una combinación de cariño y pena, cuando vieron en su cuerpo las cicatrices que trazaban su dramática biografía.

El cariño de quien JM llama sus padres contribuyó a limpiar y cicatrizar esas heridas, que ha sustituido por otras de distinta índole, las que se hizo durante sus cuatros años como capitán en el cuerpo de marines, tras estudiar en una prestigiosa universidad norteamericana.

A JM no le queda el más mínimo rencor de su azarosa infancia. Y su lucha por salir adelante con optimismo ha incorporado una permanente sonrisa a su mirada, capaz de derribarte con su franqueza. JM ha dedicado su vida a cambiar el mundo, y una prueba de ello son los 12 años que ha trabajado en un barrio desfavorecido y peligroso de una gran ciudad norteamericana dirigiendo un programa educativo que ha ayudado a miles de niños a crecer bien.

La adversidad siempre me ha parecido misteriosa. **La misma dosis de sufrimiento hace a algunas personas crecer y a otras las hunde en lo más profundo.** No sabemos qué va a pasar en el futuro. De momento, muchos están siendo bateados por la crisis y el paro. Y quizá nos esperan insospechadas travesías del desierto.

No sé tú, pero a pesar de tanta incertidumbre yo prefiero apuntarme al optimismo de interpretar el peso del contrariedad como la nieve que se amontona en invierno sobre las ramas de los árboles, forzándoles a crecer sólo por dentro, echando raíces profundas, que darán sus frutos cuando llegue la primavera.

En pocas palabras: ¿Para qué te ha servido la adversidad en tu vida? ¿Para crecer por dentro o para incubar la desconfianza y el rencor?

Piénsalo mientras escuchas la **canción #29.**

#30. CAMBIAR EL MUNDO

He estado en la cárcel tres veces. Sé que suena inquietante, pero siempre ha sido de visita, como parte de una investigación.

Una vez, el director del centro penitenciario me explicó por qué se marean algunos presos que han cumplido condenas muy prolongadas cuando salen a la calle. Al parecer, sus pupilas se han acostumbrado a no enfocar a distancias largas, limitadas por las dimensiones del patio en el que pasean los reclusos. Y cuando salen a espacios abiertos, refugian la mirada en lo cercano, para evitar el vértigo.

El mayor fracaso de nuestra generación sería la mirada corta, la estrechez mental de que se nos pasen los años buscando sólo un acomodamiento profesional que nos permita la prosperidad de nuestro entorno más cercano y la satisfacción de nuestras ambiciones de ocio, desentendiéndonos de los demás —en su sentido más amplio— y renunciando a cambiar el mundo y a que nuestra vida tenga un impacto positivo en muchas personas. Y esta perspectiva, además de chata, sería irresponsable, ya que **nunca antes en la histo-**

ria de la humanidad ha habido una generación que haya contando con tantos medios para cambiar el curso de los acontecimientos.

De vez en cuando, conviene que la realidad nos agarre por las solapas y nos zarandee para sacudir de nuestra vida el conformismo, la pereza y la falta de propósito, que nos paralizan como los hilos que atrapaban al gigante **Gulliver**.

Según datos recientes del **World Food Programme**[85], de los 6.700 millones de habitantes del planeta Tierra, 1.020 millones viven en la extrema pobreza y sufren de hambre crónica. Y la cifra ha aumentado en 100 millones en el último año, debido a la crisis económica. Y de las 27.400 personas que fallecen cada día por causa del hambre, 14.400 son niños, que mueren al ritmo de uno cada seis segundos.

Ante este abrumador panorama —que describe solo uno entre los muchos frentes que tiene abiertos la humanidad—, caben dos opciones: o excusarse con la pregunta «¿y qué puedo hacer yo?», o por el contrario, decidirte a rediseñar el alcance de tu paso por el planeta, aprovechando los tiempos exponenciales que vivimos para ayudar a muchas personas a vivir mejor y también a ser mejor, empezando por los que están más cerca. Con solo uno o dos millones más de personas comprometidas con algo más que con su bienestar, la Tierra tendría otra cara...

Es muy cómodo —y ya ha tenemos sobrada experiencia de que resulta poco práctico— trasladar estos retos a los gobiernos e instituciones. Cada uno tenemos que aportar lo nuestro, sin menospreciar el potencial de nuestras contribuciones para cambiar el rumbo de la historia. Un ejemplo de lo contrario es la ambición con la que el ingeniero británico **Michael Pritchard** le ha puesto la proa al problema del agua; y nada le ha detenido hasta que ha logrado inventar una botella que permite potabilizar instantáneamente hasta el agua más putrefacta, como se puede ver en este **vídeo**[86]. Y otro ejemplo es el vídeo musical que la cantante canadiense

Sarah Mclachlan[87] grabó para mostrar gráficamente cuánto podemos hacer con relativamente poco.

Pero al mismo tiempo, tenemos que ser muy consistentes en nuestro empeño, ya que, para cambiar el mundo, primero hay que empezar por atreverse a cambiar uno mismo, y luego, contribuir a mejorar la vida de los que están alrededor, ya sea tu familia, tus amigos, tus colegas, tus vecinos y hasta los desconocidos. Mi tío-abuelo **Luis Recio** me dio hace años —sin darse cuenta— **una lección de auténtico interés por los demás**.

Sucedió en el verano de 2000. Aproveché unos días de vacaciones en Galicia para ir a ver al tío Luis, que vive en Pontevedra. Le recogí en su casa y me llevó por una carretera estrecha junto a la ría hasta llegar a un modesto restaurante cerca de una mejillonera. Se sentó en la terraza, pidió una botella de Ribeiro y, antes de nada, probó mi resistencia al agua fría: «¿Quieres nadar un rato?».

Aguanté en el agua más de lo que hubiese deseado, para no defraudar al lobo de mar (a sus 70 años todavía seguía nadando y tenía una espalda en la que podrían aterrizar *Harriers*). Al salir, me bendijo con un lacónico: «Estás fuerte, cabrón».

El tío Luis sabía que no íbamos a tener muchas más ocasiones de vernos, así que aprovechó esa comida para abrir el cofre de los recuerdos de su vida. Y comprendí que detrás de su aparente rudeza había un corazón olímpico, capaz de bombear afecto alrededor y genuino interés por los demás durante toda una vida... Al marcharnos, el tío Luis preguntó por el encargado del restaurante y le dijo: «Quizá ya lo saben, pero el grifo del baño no cierra bien y se está perdiendo agua».

(...)

En septiembre de 2008 tuve una conversación inolvidable con **Bob Best** en Doughsbury, una pequeña localidad costera al sur de Boston. Bob ha trabajado cuatro décadas en Washington, ha prestado sus servicios en el Senado, ha conocido a cuatro presidentes de Estados Unidos y ha recorrido el mundo como representante de su gobierno. Mientras nos quitábamos la arena de los pies, tras un paseo por la playa, me dijo con una sencillez entrañable: «Álvaro, remember this: it's not the money that you make or the success that you have... What is important is how happy you make people around you, in any circumstance».

En pocas palabras: ¿Qué planes tienes para cambiar el mundo en los próximos treinta años?

Piénsalo mientras escuchas la **canción #30.**

MESSAGE IN A BOTTLE

Si solo tuviese un pedazo de papel y una botella, esto es lo que lanzaría al mar —como la banda **Police** en su conocida canción— con la esperanza de que te llegue:

Los próximos treinta años van a ser fascinantes. Si quieres vivirlos como protagonista, estas son mis recomendaciones: No te conformes con ser un buen profesional, especialízate y logra ser excelente. Encuentra a un maestro con el que diseñar tu trayectoria. Organízate para aprender rápido. Elimina de tu vida lo que te quita energía y te hace perder foco. Vas a necesitar mucha disciplina, entrénate. Pide feedback *para que te ayuden a progresar. Rodéate de profesionales valiosos. La amistad es una tarea que requiere esfuerzo, cultívala. Diferénciate en el mercado de profesionales creando una marca personal. Diseña tu propio modelo de negocio. Utiliza las redes sociales y profesionales con una estrategia clara y consistente. Mejora tu capacidad de comunicación en formatos presenciales, escritos y audiovisuales. Planea con ambición tu próxima escapada sabática. Aprende a trabajar desde fuera de la oficina. Atrévete a tomar la iniciativa para hacer ya lo que llevas tiempo pensando hacer. Sé ambicioso y no dejes que los «prudentes» empequeñezcan tus sueños. Lucha por llevar una vida equilibrada y rica en todas sus dimensiones. Afronta la adversidad con optimismo, trasformándola en aprendizaje. No te conformes con vivir cómodamente, dedica los próximos treinta años a cambiar el mundo. Buen viaje.*

Álvaro González-Alorda
Rambla de Montevideo
5 de noviembre de 2009

AGRADECIMIENTOS

Al terminar de escribir estas páginas se las envié a varios amigos, cuyo feedback está recogido en multitud de grandes aspectos y de pequeños detalles del libro. Me habéis ayudado mucho y os lo agradezco de veras: Gonzalo Valseca, Fernanda Parias, José I. Martín Aguirre, Ana Isabel Merino, Paloma Martínez, Emilio Iturmendi, Javier Castillo, Pedro Giménez, Borja de León, Miguel Cuervo-Arango, Gema Martínez, Wouter Van Daalen, Ventura Martínez, Gustavo Entrala, Virginia González-Alorda, Juan Cano Escoriaza, Bel Planás, José María González-Alorda, Pablo Cohen, Fernando Rayón, José Luis Álvarez y Enrique Larumbe.

Muchas de las ideas de este libro tienen su origen en e-mails y conversaciones con alumnos de las escuelas de negocio en las que doy clase. Quiero agradecer especialmente sus aportaciones e inspiraciones a todos los antiguos alumnos de ISEM Fashion Business School. **He escrito cada capítulo del libro con vuestros rostros en la mente. Y también a mis compañeros de clase en** IESE Business School.

Por otra parte, quiero dar las gracias a todos los que me habéis hecho sugerencias musicales para el libro a través de mi blog y de Facebook, y también por e-mail: Gustavo Entrala, Sabrina, Julio Reyes, Carlos Quereda, Luis Ángel Tello, Christian, Luis Muñoz, Gustavo Ortega, José Manuel Cervantes, Phoneix, Edu, Alicia Zaparaín, Augusto Rodríguez Zafra, Ventura Martínez, Pablo Cohen, Virginia Iriarte Recio, Virginia González-Alorda, Guillermo Montero, Miguel A. Mañez, Ignacio Pastor, Ezequiel Sánchez, Belén González, José Mari Iribarren Gasca, Sander Asma, Rodrigo Andrés, Juan González-Alorda, Treassure, Carol Vicente, Paula Zazo, Fátima Santos, José Antonio León Capitán, Paco Alorda, Paloma Iturmendi, Sara Isabel Tortosa, Vicky Díaz Caballero, Anna Dias, Enric Moreno, Natalia Prieto, Isabel García Imhof, Alberto Martínez Sentana, Alberto Lázaro, Guillermo Montero, Álvaro Fernández-Fournier, José F. Caro, Luis Martínez Ordóñez, Adriana P. Uribe, César Suárez y Santi López.

Finalmente, quiero agradecer a **Luis Huete** la oportunidad de tenerle como maestro y por haberme ayudado a diseñar mi trayectoria profesional. Hemos trabajado mucho juntos y lo hemos pasado muy bien. Y aún queda mucho por hacer...

CÓMO RECOMENDAR EL LIBRO

Si ***Los próximos 30 años*** te ha gustado y crees que podría interesarle a tus amigos, puedes recomendarlo por e-mail, en Facebook, en tu blog o en una cena con amigos, siguiendo las instrucciones que encontrarás en:
www.alvarogonzalezalorda.com

¡Gracias!